UMWELT spürnasen

Die Autoren:

Ingrid Greisenegger
Redakteurin des österreichischen Nachrichtenmagazins „profil", Staatspreis für journalistische Leistungen im Interesse der Jugend, Österreichischer Naturschutzpreis, Konrad-Lorenz-Preis.

Univ.-Doz. Dr. Werner Katzmann
Umweltwissenschaftler, seit 1968 im Umweltschutz tätig, leitet die ARGE Umwelterziehung. Konrad-Lorenz-Preis.

Klaus Pitter
Zeichner und Cartoonist, viele Buchpublikationen, u.a. „Nervensegen", „Kindersägen", „Ich schnurre heute nicht!", alle im Rowohlt-Verlag, „Salat oder Leben!", promedia.

ISBN 3-7015-0198-X

Schutzumschlag und grafische Gestaltung: Klaus Pitter
Lektorat: Sibylle Pühringer
Satz und Reproarbeit: Digitalsatz Robitschek, Wien
Druck und Bindearbeiten: Wiener Verlag, Himberg bei Wien

GREISENEGGER — KATZMANN — PITTER

UMWELT Spürnasen

Aktivbuch "NATURGARTEN"

Ein trend·profil·Buch im
Verlag Orac
WIEN · MÜNCHEN · ZÜRICH

Distelfalter (oben)

C-Falter

Tagpfauenauge

Landkärtchen

Admiral (oben)
Kleiner Fuchs

Achateule (ganz oben)
Mondfleck

Taubenschwänzchen (oben)
Mittlerer Weinschwärmer

INHALT
RRRRR

RECHER
EINBRUCH

Nichts wie weg!

Vom Gifteln

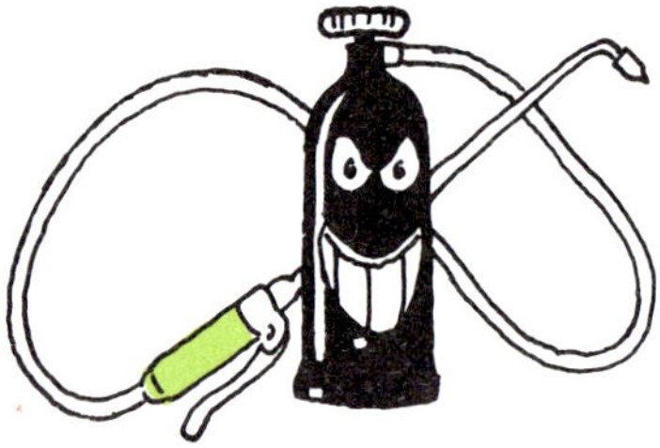

Der Mensch hat fünf Sinne: Er kann hören, sehen, fühlen, riechen und schmecken. Doch alle fünf zusammen reichen nicht aus, uns anzuzeigen, ob Spinat, Erdäpfel/Kartoffeln und Fleisch auf unserem Teller gesund sind.
Der Salatkopf ist zwar knackig und groß, und der Apfel hat schöne rote Backen. Doch innen drin sitzt das Gift. Nicht gleich so viel wie im Märchen bei Schneewittchen, das davon tot umgefallen sein soll. Im Apfel von heute stecken die ungemütlichen Fremdstoffe in kleinsten Mengen und sind von unterschiedlicher Art. Ehe er beim Kaufmann ins Regal kommt, wird er bis zu 20mal in den großen Obstplantagen mit chemischen Mitteln behandelt. Beispielsweise gegen eine Pilzkrankheit, den Apfelschorf, denn der hinterläßt häßliche braune Flecken auf der Schale. In der Tat beeinträchtigt aber das bißchen Braun weder Geschmack noch Inhaltsstoffe, sondern nur das Aussehen, damit aber den Absatz beim unwissenden Käufer.

Pestizide, die Unkraut- und Insektenvertilgungsmittel aus der Chemiefabrik, lassen sich von den angeborenen fünf Sinnen gar nicht, und bei Untersuchungen im Labor nur zu etwa einem Drittel aufspüren.
Bekannt ist aber, daß sich manche dieser Stoffe (zum Beispiel chlorierte Kohlenwasserstoffe, wie DDT, Lindan und Endrin) besonders im Fettgewebe von Tier und Mensch anreichern und erst nach fünfzig Jahren zur Hälfte wieder abgebaut sind.
Allzu oft erweist sich der Pflanzen„schutz" auch als wenig tier- und menschenfreundlich. Als 1982 im Bodenseegebiet Endrin in großen Mengen gegen Wühlmäuse, Blattläuse, Raupen und Milben eingesetzt wurde, ging daran auch die Vogelwelt zugrunde. Das Gift, das für „Schädlinge" bestimmt war, hatte zugleich die „Nützlinge" getötet. Ein „stummer Frühling" brach aus: Die Singvögel fielen tot vom Himmel. Man trauerte nicht nur um ihren schönen Gesang, als Vertilger lästiger Insekten, die auf ihrem täglichen Speisezettel stehen, hinterließen sie auch eine große Lücke im Kreislauf der Natur.

Gimpelpärchen

Und was passiert mit uns? Menschen werden durch diese Gifte schlapp, leiden an Allergien und Haarausfall. Gelegentlich landen sie auch gleich im Spital, wie zum Beispiel die 16jährige Roswitha W. aus der Steiermark. Sie hatte „Schneckentod" ins Erdbeerbeet gestreut und am nächsten Tag von den Früchten gekostet. Danach schaffte sie die Rettung ins nächste Krankenhaus.

Erst nach drei Tagen ließen die Vergiftungserscheinungen nach. „Schneckentod“ kann jeder beliebig in der Drogerie kaufen, um damit seine Pflänzchen zu „schützen“.

40.000 Fälle von Vergiftungen und einige tausend Tote registriert die Weltgesundheitsorganisation (WHO) jedes Jahr — vor allem in Ländern der Dritten Welt. Die meisten Unfälle werden aber gar nicht bekannt.

500.000 kg giftige Stoffe sprühen allein die österreichischen Kleingärtner jedes Jahr auf Salat, Tomaten und Blumen. Auch Schwermetalle, beispielsweise Blei aus den Auspuffrohren der Autos oder Kadmium vom Abrieb der Gummireifen, aus Lacken und Dieselgasen, belasten Umwelt und Gesundheit. Wir atmen sie ein und nehmen sie mit jenen Nahrungsmitteln auf, die in der Umgebung stark befahrener Verkehrswege produziert werden. Die Schwermetalle stecken im Gemüse und im Obst, aber auch in den Milchprodukten, die von Kühen stammen, die am Straßenrand grasen.

In Wien hat man im Winter Strohballen an den Hauptverkehrsstraßen ausgelegt, um die Bäume vor Streusalz zu schützen. Im Frühjahr mußten sie dann als Sondermüll entsorgt werden, weil sich nicht nur Salz, sondern auch Schwermetalle darin abgelagert hatten.

Die meisten Schwermetalle sind in einfachen Experimenten nicht feststellbar. Aber durch den Nachweis von Eisen am Straßenrand hat man indirekt auch die Verschmutzung mit Blei, Kadmium und Zink bewiesen.

Eisen im Straßenstaub

Was man braucht:

- Stabmagnet (aus dem Spielwarenhandel oder aus der Schule) mit einem weißen Ende, damit man die Eisenspäne darauf erkennen kann
- Schaufel
- Löffel
- Kübel/Eimer
- Wasser
- Sprühflasche

So wird es gemacht:

★ eine Schaufel Erde vom Straßenrand aufnehmen
★ die Erde im Kübel/Eimer gut mit Wasser vermengen
★ mit dem Magneten umrühren
★ Eisenfeilspäne bleiben daran haften
★ mit der Sprühflasche die Späne in ein Sammelgefäß spülen
★ die Menge (möglichst auf einer Apothekerwaage) abwiegen

Manche Menschen werden erst durch Schaden klug. Als dem Wiener Landwirt Alfred Polzer beim Gemüsespritzen im Glashaus der Mundschutz verrutschte, mußte er ins Spital. Wie Roswitha nach der Begegnung mit dem „Schneckentod“. Wieder auf den Beinen, stellte er auf biologischen Landbau um: ohne Chemie, im Einklang mit der Natur.

Biobauern und Biogärtner betrachten ihren Betrieb als einen großen Organismus: Boden, Pflanzen und Tiere bilden eine Gemeinschaft, die zusammenarbeitet. Das geschieht in einem geschlossenen Kreislauf. Der Mensch ernährt den Boden mit organischem Dünger (aus pflanzlichen und tierischen Abfällen). Boden, Sonne und Wasser lassen die Pflanzen wachsen, die dann den Tieren und Menschen Nahrung und Rohstoffe liefern.
Erdäpfel/Kartoffeln und Paradeiser/Tomaten vom Biobauern gibt es für den Städter im Naturkostladen und auch schon in manchen Regalen des herkömmlichen Lebensmittelhandels. Aber auch viele Gartenbesitzer stellen auf Natur um. Innerhalb ihrer Zäune lassen sie die Chemie im Schrank. Nach dem Motto: „Wenn eine Fliege tot umfällt, kann das auch für den Menschen nicht unschädlich sein."
Viele Menschen wollen auch keine Kunst-Paradeiser/Tomaten mehr an Stelle des Naturprodukts. Wie diese wäßrigen roten Früchte in holländischen Glashäusern fast wie am Fließband für den europäischen Markt hergestellt werden, kann man in dem Buch „Abenteuer Essen" nachlesen. Ihre Wurzeln stecken nicht mehr in Gartenerde, sondern in Steinwollmatten als Bodenersatz. Wasser, Nährstoffe und Pestizide werden ihnen computergesteuert über Schläuche zugeführt. Alle zwei Jahre muß die pestizidgetränkte Steinwolle entsorgt werden — als Sondermüll. Auch der hohe Energieverbrauch in den Glashäusern ist alles andere als umweltfreundlich. Die Pflanzen gelten als krankheitsanfällig und werden daher schon vorbeugend mit Mitteln gespritzt, von denen manche beim Menschen krebserregend sein können.

Gärtnern mit der Natur

Pflanzen, die auf gesundem Boden wachsen, der von einer Unzahl kleiner Lebewesen (von den Regenwürmern bis zu den Bodenbakterien) bevölkert ist, sind widerstandsfähiger gegen Krankheitserreger. „Wenn eine Pflanze bei mir nicht wachsen will, halte ich sie auch gar nicht mit Giftspritze und Kunstdünger am Leben“, sagt Biogärtner Peter Petrich, „denn damit zeigt sie an, daß für sie dieser Platz nicht stimmt.“

Exotische Gehölze und Blütenpflanzen haben viele einheimische Gewächse im Park, im Garten und im Schulhof verdrängt. Exotisches bietet aber dem Wiesel und der Spitzmaus, dem Schmetterling und der Eidechse kaum Lebensraum. Auch viele Singvogelarten sind deshalb bei uns bereits verschwunden.

Einheimische Pflanzen hingegen haben sich ganz bestimmten Bodentypen, Licht- und Schattenverhältnissen angepaßt und über Jahrtausende hinweg mit benachbartem Grün und verschiedenen

Tieren, vom Mistkäfer bis zum Steinkauz, Lebensgemeinschaften gebildet. Zum gegenseitigen Nutzen. Dafür gibt es jede Menge Beispiele. So fliegen zum Beispiel 63 Singvogelarten die heimische Eberesche an (zum Nisten oder zur Futtersuche), aber nur für vier von ihnen ist eine vergleichbare ausländische Eberesche von Nutzen. Zwanzig Singvogelarten leben in unserem Ahorn, in dem aus Amerika importierten aber nur drei.

Nützlinge aus dem Tierreich pflegen den Pflanzen Schädlinge von Blüte, Stengel und Wurzel abzuhalten, und auch Pflanzen können einander schützen oder das Wachstum fördern. Sellerie mag Karfiol/Blumenkohl im selben Beet, die Karotte/Möhre den Lauch. Der strenge Lauchgeruch vertreibt die lästige Möhrenfliege, deren Maden sonst die Karotten zerfressen. Die Lauchmotte hingegen kann den Karottenduft nicht ausstehen.

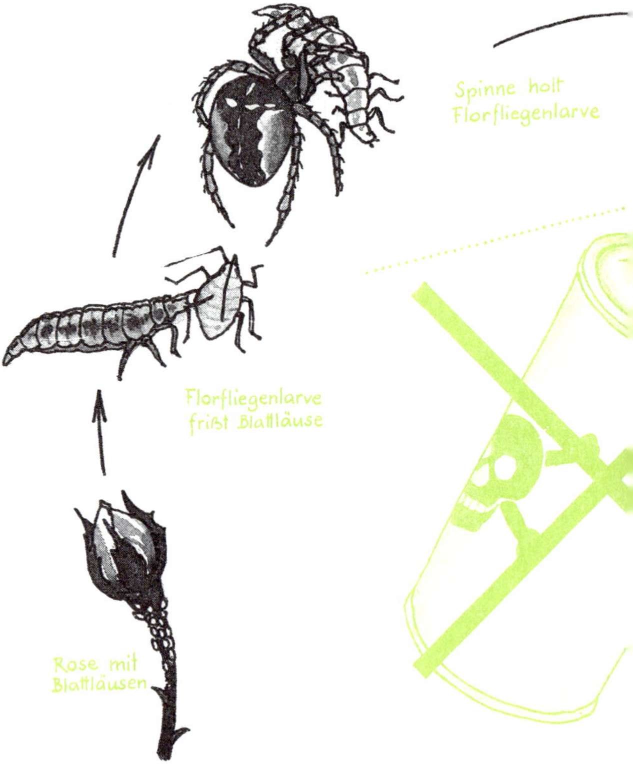

Auch im Tierreich kennt man dieses Zusammenspiel. Nehmen wir das Beispiel der Stechmücken, die sich in der Regentonne üppig vermehrt haben. Dort lassen sich ihre Larven gut beobachten, die immer wieder an die Wasseroberfläche kommen, um mit ihrem Atemrohr am Hinterteil Luft zu holen. Stechmücken sind dem Menschen lästig. Gibt es in seinem Garten viele Vögel und Spinnen, am Teich auch Frösche und Kröten, so werden sie ihm die Schädlinge, die auf ihrem täglichen Speiseplan stehen, natürlich vom Leib halten. Des einen Schädling kann des anderen Nützling sein.

Über Abhängigkeiten der Tiere und Pflanzen voneinander wird der ganze Garten in einem natürlichen Gleichgewicht gehalten.

Wildnis vor

„Den Wurm, der sich in einer ungespritzten Birne eher ansiedelt, kann ich herausnehmen, das Gift aus der gespritzten aber nicht", sagt Thomas und beißt in eine „Vereinsdechantbirne". Das ist eine altmodische Birnenart, heute etwas sehr Seltenes. Sie stammt aus Großvaters Garten. Drüben, jenseits des Brombeergebüsches, stehen etliche sechzig- und siebzigjährige Bäume, sie heißen „Blumenbachs Butterbirne", „Berner Rosenapfel" oder „Winter Calvill". Letzterer ist ein Apfelbaum, dessen Früchte leicht nach Bananen schmecken.

Thomas liegt in seiner halbmeterhohen Blumenwiese zwischen Gräsern, weißblühender Schafgarbe, rosa Taubnesseln und Margeriten. Im Nutzgarten wächst der blaue Rittersporn hinter dem Kohl und Kapuzinerkresse unter den Obstbäumen. In der Senke am kleinen Teich trinken Amseln und Meisen in der flachen

der Haustür

Uferzone. Im Frühjahr hat Thomas hier Kaulquappen von Fröschen, Molchen und Erdkröten beobachtet. Die schnappen, wenn sie erwachsen sind, die lästigen Stechmücken weg.

NATUR

GARTEN

50 = siehe Seite 50

Noch vor fünf Jahren haben hier 50 Zierrosensträucher in Reih und Glied rund um eine kurzgeschorene Rasendecke vom Arbeitsschweiß des Gärtners gekündet. Wöchentlich knatterte der Rasenmäher durch den Garten. Tüchtig wurden Kunstdünger und Pestizide ausgestreut oder aus der Treibgasdose versprayt. Mit gekrümmtem Rücken holte man jedes einzelne Gänseblümchen aus dem Rasengrün.
An Stelle der früheren langweiligen Thujenhecke, in der kaum Leben zu finden war, hat Familie Berger Weißdorn, Heckenrosen, Schlehen und andere heimische Büsche rund um das Grundstück gepflanzt. Im Herbst kann sie Haselnüsse und Hagebutten ernten. Die Früchte haben Zeit zu reifen, weil die Hecke nur einmal, nämlich im Spätwinter, gestutzt wird. In Großvaters Garten wächst Buchsbaum am Zaun entlang — wie in den alten Bauerngärten. Die Wurzeln dieses „Lebensbaums" geben Duftstoffe ab, die den Wühlmäusen in der Nase stinken. So hält schon die Einfriedung des Gartens unerwünschte Gäste ab.

„Unser üppiger Naturgarten", sagt Vater Berger, „ ist ein Paradies für den intelligenten Faulen." Zuerst hat er viele Bücher gelesen und von seiner Mutter gelernt, wie man es früher gemacht hat. Jetzt kann er die Natur fast sich selbst überlassen und dennoch vieles ernten: Heilkräuter, Beeren, Gemüse für die Suppe und Obst für den Winter.

Manche Nachbarn sind verärgert über den Wildwuchs, schimpfen über den „Dschungel" und das „Unkraut", wenn sie Herrn Berger in der Hängematte sehen, während sie beim Rasenmähen die Gegend mit Lärm und Abgasen verpesten. Die Kinder beneiden Thomas. Er kann auf Safari gehen, vor der eigenen Haustür. Denn der Naturgarten ist ein unerschöpflicher Beobachtungsposten. Zu jeder Jahreszeit und in jeder Ecke.

Safari

Selbst des Nachts ist im Garten einiges los. Wenn es in der Wiese grunzt, schmatzt und schnüffelt, wenn es im Laub unverschämt laut raschelt, dann ist der Igel unterwegs. Thomas hat ihn schon im Schein der Taschenlampe beobachtet, denn das stört ihn überhaupt nicht. Er frißt ungeniert weiter: einmal eine Schnecke, dann eine Assel oder einen Apfel, der im Gras liegt. Der Igel ist einer der gründlichsten „Schädlings"bekämpfer im Garten, und er arbeitet überdies gratis. Auf seinem Speiseplan stehen Raupen, Würmer, Käfer und junge Mäuse. Der Brave putzt auch kleine tote Tiere aus dem Gelände. Seine Beutezüge dehnt er gerne auf mehr als einen Quadratkilometer aus. Stört ihn ein Geräusch oder ahnt er sonst eine Gefahr, rollt er sich zu einer Kugel zusammen. So schützen ihn 7.000 bis 8.000 Stacheln mit scharfen Spitzen vor seinen Feinden. Die Stacheln helfen ihm auch bei gewagten Kletterpartien (er gelangt über Efeu oder Wilden Wein bis ins oberste Stockwerk von Gebäuden). Allerdings nicht beim Aufstieg, sondern bei einem gelegentlichen Absturz, den sie dann abfedern.

Schon seit 15 Millionen Jahren bevölkern diese stacheligen Säugetiere die Erde, länger als Mammut und Mensch. Jetzt aber sind sie ernsthaft bedroht. Bis zu 60 Prozent der Igel gehen jährlich zugrunde. Bei der ausgedehnten Futtersuche werden sie entweder von Autos überrollt oder in Gärten und Wiesen vergiftet. Durch Pflanzen„schutz"- und Insektenvertilgungsmittel, die gar nicht für sie bestimmt sind. Igel finden in Gärten, die mit dem Rasenmäher geschoren wurden, auch keinen Lebensraum mehr. Dort gibt es keine Laub- und Reisighaufen, keine dichte Hecke als Versteck und für den Nestplatz. Ein Garten, aufgeräumt wie ein Wohnzimmer, in dem jedes „Unkraut" gezupft und jedes Insekt vertrieben wurde, bietet dem Igel kaum Nahrung und wenn, dann vergiftete.

am Zaun

Im Naturgarten ist das natürlich ganz anders. Da hat Thomas im Sommer, bei einem seiner Streifzüge in die Wildnis, unter der Hecke sogar ein Igelnest mit drei rosigen kleinen Jungen gefunden und auch gleich wieder zugedeckt, mit Blättern und Zweigen, ohne die Kleinen zu berühren. Ganz zufällig war er im Bodendickicht darauf gestoßen, als er nach seinem Wanderstab sehen wollte — einem Stock mit solidem Handgriff, der im Haselbusch für ihn wächst. Dafür braucht es allerdings viel Geduld.

Bitte umblättern!

Wanderstab aus dem Busch

Was man braucht:
- großen U-Haken aus Metall
- Hammer
- kräftigen jungen Ast knapp über dem Boden

So wird es gemacht:
- ★ den Ast vorsichtig gegen den Boden drücken
- ★ mit dem U-Haken in dieser Lage fixieren

Weil der Trieb sich immer dem Licht zuwendet, also nach oben wächst, wird der Ast (nach Monaten) zu einem Wanderstab mit Griff. Ist die gewünschte Länge erreicht, wird er vor dem Ansatz zur Krümmung abgeschnitten.

Dort in der Hecke, in Bodennähe, baut auch der Zaunkönig ein kugeliges Nest aus Zweigen und Gräsern, das er innen mit Federn auskleidet. Die kleinen rundlichen Vögel mit dem steil aufgerichteten Kurzschwanz, deren Männchen unglaublich laut singen können, pflegen am Fuß der Hecke ihre Nahrung zu picken. Im Weißdorn, bei den Schneebeeren und am Boden zwischen den

krautigen, niedrigen Pflanzen wimmelt und summt es von Insekten. Die behagen auch anderen Vogelarten, wie dem Gartenrotschwanz, Amseln, Goldammern und den Grünlingen. Die stacheligen Zweige der Schlehe und die Stacheln der Heckenrose schützen die Vögel vor Katzen. Über 10.000 Tier- und Pflanzenarten können in einer Hecke eine Lebensgemeinschaft eingehen.

Dieser Wall aus Sträuchern ist desto artenreicher besiedelt, je vielfältiger die Pflanzen sind, die ihn bilden und je seltener er zurückgestutzt wird. Denn nur ungestört von der Gartenschere können sich aus den Blüten von Heckenrose, Haselstrauch und Holunder Früchte bilden und dann Samen, aus denen im darauffolgenden

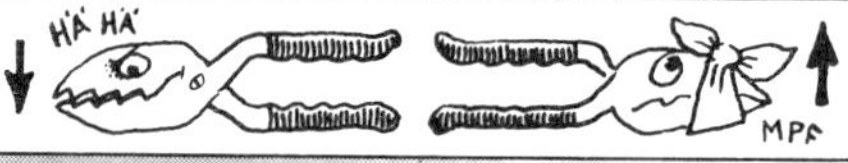

Frühjahr neue Pflanzen entstehen. Sie liefern rote Hagebutten als Futter für Vögel im Winter und für Marmelade auf unserem Frühstücksbrot, braune Haselnüsse zum Knabbern für Mensch und Eichhörnchen und schwarze Holunderbeeren für Saft, Brotaufstrich oder eine Würzsauce:

Holunder-Ketchup

Was man braucht:

- 1/2 Liter reife Holunderbeeren ohne Stiele
- 1/2 Liter Weinessig
- 30 Gramm Schalotten
- 1 Blatt Muskatblüte
- 1 kleines Stück Ingwer
- einige Gewürznelken
- 1 Teelöffel Pfefferkörner
- Steintopf
- leere Flaschen

So wird es gemacht:

★ die Beeren in dem Steintopf mit kochendem Weinessig übergießen
★ über Nacht im lauwarmen Ofen stehen lassen
★ am Morgen den Essig abgießen (Beeren dabei nicht zerdrücken)
★ Schalotten, Muskatblüte, Ingwer, Gewürznelken und Pfefferkörner im Essig 6-8 Minuten aufkochen
★ nach dem Abkühlen in Flaschen abfüllen

Mit Stecklingen von wildwachsenden Sträuchern läßt sich im eigenen Garten der Beginn für eine prächtige Hecke setzen. Bis zu einer Breite von drei Metern kann sie einmal heranwachsen, ein kleines Dschungelstück.

Stecklinge sind abgeschnittene Teile einer Pflanze, die Wurzeln bilden können.

Eine Hecke pflanzen

Was man braucht:

- Stecklinge von einheimischen, wildwachsenden Heckenpflanzen, wie Hartriegel, Liguster, Heckenrose und Pfaffenkapperln/Pfaffenhütchen, die man an Waldrändern findet
- Rosenschere

- Arbeitszeit: Frühjahr

So wird es gemacht:

★ einen jungen bleistiftdicken Trieb aussuchen
★ mit einem Schrägschnitt unterhalb einer Knospe abschneiden
★ mit einem geraden Schnitt 2 Millimeter oberhalb einer Knospenspitze abschneiden, der Steckling soll ungefähr bleistiftlang sein

- ★ vor dem Pflanzen noch einmal 1 Zentimeter unter der Knospe schräg abschneiden
- ★ ein Loch in den Boden machen, Sand dazumischen, in ungefähr 1 Meter Abstand einsetzen, und zwar so, daß nur ca. 1 Zentimeter des Triebes herausragt
- ★ nicht schnurgerade, sondern in einer Schlangenlinie pflanzen

Mit manchen Früchten dieser Heckenpflanzen muß man vorsichtig umgehen. Die schwarzen Ligusterbeeren und die roten Pfaffenkapperln/Pfaffenhütchen sind giftig. Andere kann man mit Genuß verspeisen. Eine Art des Hartriegels, die Kornelkirsche, trägt rote Früchte, die „Dirndln“, die blauen Früchte der Schlehe schmecken zuerst herb. Hat aber der erste Frost die Zellen des Fruchtfleisches zum Platzen gebracht, werden sie süß.

Schlehen-Birnen-Marmelade

Was man braucht:

- 550 dag Schlehen
- Wasser
- 850 dag Birnen
- Zucker

So wird es gemacht:

★ Schlehen entkernen (mühsam!)
★ in 1/2 Liter Wasser 5 Minuten kochen
★ durch ein Sieb passieren
★ die Rückstände nochmals in 1/8 Liter Wasser aufkochen, passieren
★ Birnen vierteln
★ in 1/4 Liter Wasser kochen, passieren
★ Schlehen- und Birnenmus mischen
★ abwiegen, die Hälfte des Gesamtgewichts Zucker dazugeben
★ aufkochen
★ heiß in Gläser füllen

Wer beobachten möchte, wie rasch ein Steckling Wurzeln bildet, kann das mit einer Topfpflanze ausprobieren.

Topfpflanzen vermehren

Was man braucht:

- Topfpflanze, zum Beispiel Fleißiges Lieschen, Buntnessel, Fuchsie
- scharfes Messer
- Glasgefäß mit Wasser
- Blumentopf mit Blumenerde
- durchsichtigen Plastikbeutel

So wird es gemacht:

★ knapp oberhalb eines Blattes einen Trieb von der „Mutterpflanze" mit einem Schnitt abtrennen, er soll ungefähr 5 Zentimeter lang sein und 3-4 Blätter tragen, aber keine Blüten und Knospen

★ beim Schneiden das Blattgewebe nicht drücken, sonst beginnt es an dieser Stelle zu faulen

★ bevor der Steckling in ein Glas mit Wasser gestellt wird, noch einen Schnitt machen: die untersten Blätter entfernen, denn die neuen Wurzeln wachsen am leichtesten aus Blattachseln heraus
★ in den Plastikbeutel Luftlöcher machen, dann über das Glasgefäß mit der Pflanze stülpen, damit weniger Wasser verdunstet
★ nach 1 Woche zeigen sich die ersten Wurzelfäden

★ nach 2 Wochen wird die Pflanze in den Blumentopf gesetzt:
★ zuerst einen Tonscherben auf das Loch im Boden legen, damit durch das Gießwasser keine Erde ausgeschwemmt werden kann
★ mit Blumenerde, möglichst vom eigenen Komposthaufen, bis 4 Zentimeter unterhalb des Randes füllen
★ die Erde gut durchfeuchten
★ die Pflanze einsetzen und den Topf mit Erde (fast) auffüllen
★ Erde festdrücken
★ Plastikbeutel für weitere 4-5 Tage darüberstülpen

Unter der Hecke draußen im Garten kann man weißrosa Muschelblümchen (fälschlich oft Buschwindröschen genannt), gelbes Scharbockskraut, blaue Veilchen, blaue Leberblümchen und weiße Schneeglöckchen ansiedeln, die innerhalb weniger Jahre einen dichten Blütenteppich bilden. In Knollen, Zwiebeln oder Rhizomen (verdickten Wurzeln) haben sie Reservestoffe wie Vorräte in einem Rucksack gespeichert, die es ihnen ermöglichen, schon früh im Jahr auszutreiben. Weil die Sträucher noch keine Blätter haben, die ihnen die Sonne verdecken, können diese Frühblüher die Wärme und das Licht voll ausnützen. So bieten sie schon bald nach dem letzten Schnee den Bienen Nektar und Pollen aus ihren Blüten als Nahrung an.

☞ Alle Frühblüher sind heute in den Gärten vom Aussterben bedroht. Denn dort finden wir nur noch gezüchtete Arten, die oft größere Blüten und leuchtendere Farben haben als ihre urwüchsigen Artgenossen, dafür aber keinen Nektar und keine Pollen liefern, sich nicht vermehren können und im Jahreskreislauf der Natur praktisch wertlos sind. Wenn sich also Frühblüher nicht von selbst ansiedeln, muß man mit dem Einpflanzen alter Wildarten der Natur ein bißchen nachhelfen.

Siebenschläfer

Im Unterwuchs der Hecke fühlen sich auch Schnecken, Käfer, Erdkröten und Igel wohl. Die Gartenspitzmaus jagt dort nach Insekten, Spinnen und Asseln. Ein Igel vertilgt davon etwa 70 Gramm in einer einzigen Nacht. Siebenschläfer und Haselmaus suchen nach Haselnüssen und saftigen Früchten.

Haselmaus

Heckenpflanzen wie Schlehe und Holunder locken mit ihren nektarreichen Blüten Wespen, Fliegen und Falter an. Die geflügelten Gartenbewohner besorgen zugleich mit der Nahrungssuche die Bestäubung der Blütenpflanzen und sichern damit deren Fortbestand. Sie selbst werden von Vögeln verspeist.

Heckenbewohner entdecken

Was man braucht:

- einen regenfreien Tag
- weißes Tuch
- Lupe

So wird es gemacht:

★ das Tuch unter der Hecke ausbreiten
★ die Zweige klopfen

Raupen, Spinnen und Milben fallen auf das Tuch und lassen sich, zumindest kurzfristig, auf der hellen Fläche beobachten und bestimmen.

Manche Raupen (ein Entwicklungsstadium des Schmetterlings) sind durch Tarnfarben vor ihren Freßfeinden geschützt. Die grüne Raupe des Ligusterschwärmers, eines Nachtfalters, läßt sich im Liguster, dessen Blätter sie knabbert, kaum erkennen. In diesem Strauch wird sie von den Vögeln übersehen. Andere Arten werden von Meisen, Staren oder Grünfinken nicht aufgepickt, weil ihre dichte Behaarung deren Magen reizen könnte. Manchmal signalisieren auch Warnfarben den Vögeln, daß Raupen giftig sind oder zumindest nicht gut schmecken. Aber nicht nur im Raupen-

Raupe des Ligusterschwärmers

stadium sind Schmetterlinge in der Hecke zu Hause. Im Frühling besucht der prächtige Große Fuchs die Schlehenblüten. Brombeerblüten locken den C-Falter, den Großen Fuchs und den Kaisermantel an.

siehe Seite 6/7

Thomas entdeckt auch noch das geometrische Radnetz einer Spinne im Laub. Es besteht aus dünnen Fäden, die Weberspinnen mit am Hinterleib sitzenden Drüsen erzeugen.

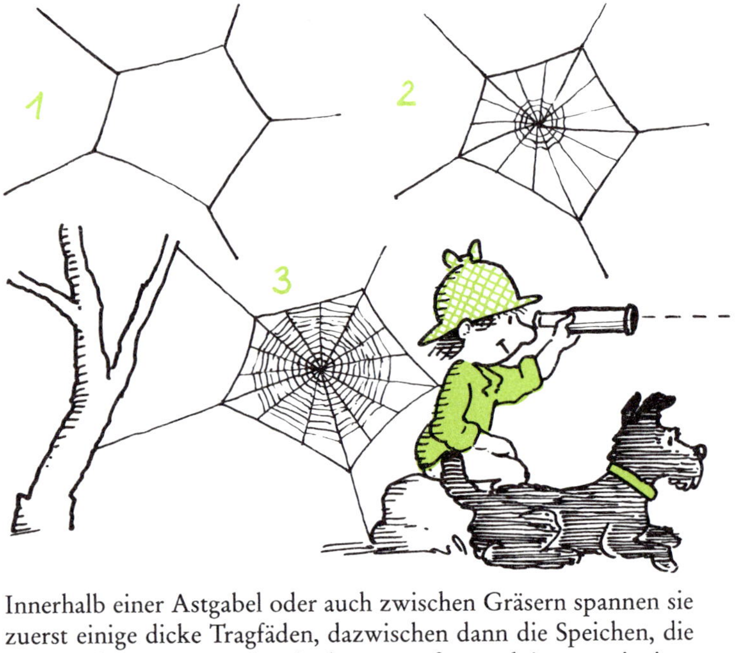

Innerhalb einer Astgabel oder auch zwischen Gräsern spannen sie zuerst einige dicke Tragfäden, dazwischen dann die Speichen, die sie, von der Mitte ausgehend oder von außen nach innen, mit einer

Spirale verbinden. Ist das Kunstwerk vollendet, lauern diese Gliederfüßler mit den acht dünnen langen Beinen unter Blättern verborgen darauf, daß ihnen ein Insekt in diese Falle geht. Mit einem Signalfaden halten sie Kontakt zum Netz. Manche Arten sitzen in der Mitte, stürzen sich auf die Beute und erledigen sie mit den giftigen Kieferzangen. Andere fesseln ihren Fang mit einem Faden, bevor sie ihn aussaugen.
Spinnen, Raupen, Würmer, Asseln und Samenkörner stehen auch auf dem Speiseplan des Rotkehlchens, das Thomas schon hier beobachtet hat. Das Rotkehlchen-Männchen vertreibt mit lautem Gesang und Schnabelhieben Eindringlinge aus seinem Revier. Doch im späten Winter, schon ab Februar, läßt es ein Weibchen zur Paarung und zum Nestbau ein. Rotkehlchen verjagen übrigens nur Artgenossen aus ihrem Gelände: Blicken sie diesen auf die Brust, so sehen die kleinen Vögel im wahrsten Sinn des Wortes rot. Mit einem Experiment hat sich Thomas selbst davon überzeugen können:

Rotkehlchen beobachten

Was man braucht:
- Laubsägeholz oder dicken Pappkarton
- rote und braune Farbe

So wird es gemacht:
- ★ lebensgroßen Umriß eines Rotkehlchens ausschneiden
- ★ braun bemalen, Brust rot (!)
- ★ in der Hecke befestigen
- ★ still beobachten
- ★ dann die Attrappe wieder entfernen

Das Rotkehlchen-Männchen geht mit dem Schnabel auf die Attrappe los. Fehlt der rote Brustfleck, so wird der künstliche Vogel dem Revier-Verteidiger gleichgültig sein. Aber schon ein Büschel roter Federn, das in der Hecke hängt, reizt ihn zum Angriff.

Wie man ein Rotkehlchenmännchen durch den Gesang eines Artgenossen anlockt, kann man in „Umweltspürnasen, Aktivbuch WALD" nachlesen.

Zu Rotkehlchens Revier gehört aber nicht nur der grüne Wall aus Schlehdorn, Schneeball, Heckenrose und dem herabgefallenen Herbstlaub darunter, sondern der ganze Naturgarten. Auch andere Heckenbewohner unternehmen weite Streifzüge in das Umland und beseitigen auf der Nahrungssuche viele der sogenannten Schädlinge. Wer eine Hecke hat, braucht keine Giftspritze.

Heckenbewohner auf Beutezug

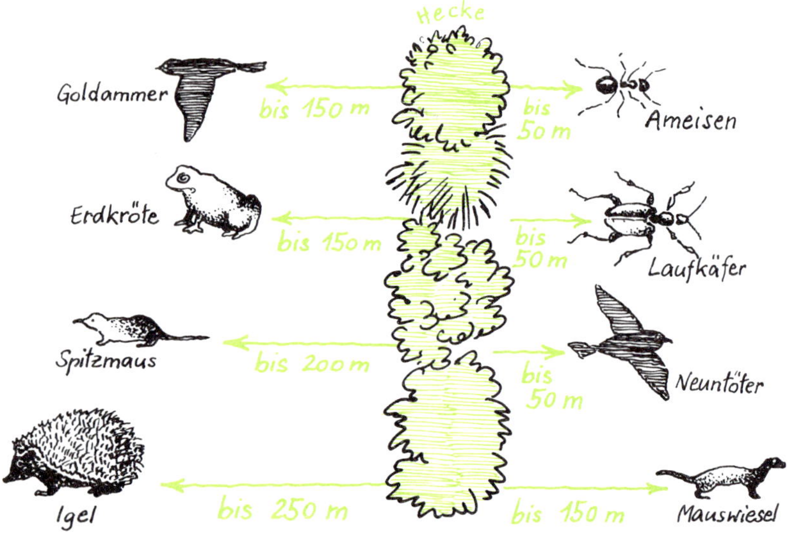

Damit Nützlinge wie der Igel, aber auch die Hauskatze, bei ihren Streifzügen nicht hilflos im Schwimmbassin ertrinken (der Gartenteich hat immer eine flache Uferzone, über die sie sich retten können), sollte man eine Ausstiegshilfe anfertigen.

Rettungsrampe für Gartentiere

Was man braucht:

- Holzlatte, Länge richtet sich nach der Wassertiefe
- Hölzer für Querleisten, die bei Algenbelag auf der Schräge das Abrutschen verhindern
- Hammer, Nägel

So wird es gemacht:

★ Querleisten in Abständen festnageln

★ das Brett als Rampe am Bassinrand befestigen

oder:

★ im Bassin ein Brett als Floß schwimmen lassen, auf das sich das Tier flüchten kann, bis man es herausholt

Im Spätherbst verkriecht sich der Igel im Laub unter der Hecke oder in Reisighaufen zum Winterschlaf, die man daher niemals abbrennen darf, bevor man sie gründlich durchsucht hat. Zuvor futtert er sich noch Fettreserven an, die wie ein Rucksack auf seinen Schulterblättern sitzen. Erst im März, also nach fünf Monaten, gedenkt er aus dem warmen Versteck hervorzukommen, wenn im Garten der Speiseplan für ihn wieder stimmt. Bis dahin hat er allerdings ein Drittel seines Körpergewichts verloren.
Normalerweise bringen Igel ihre Jungen im Juni oder Juli zur Welt. Bis zum Herbst ist dann auch der Nachwuchs stark genug, um den Winter zu überstehen. Geht er aber zugrunde (durch Gift oder einen Unfall), so versucht es Mutter Igel im frühen Herbst oft noch mit einem zweiten Wurf. Der erreicht dann allzu häufig nicht einmal das Mindestgewicht von 700 Gramm, um in freier Natur den Winterschlaf zu überleben.

Der Igel ist ein Wildtier. Er darf grundsätzlich nicht gefangen und im Haus gehalten werden. Helfen sollte man aber Jungtieren mit weniger als 700 Gramm Körpergewicht und auch erwachsenen Igeln, die man im Spätherbst herumirrend auffindet.

Erste Hilfe für Igel

Was man braucht:

- Küchenwaage
- Pinzette
- Flohmittel aus der Apotheke
- Plastikgefäß mit Wasser
- Haarföhn

So wird es gemacht:

★ Igel abwiegen — bringt er mehr als 700 Gramm auf die Waage, soll man ihn, wenn es draußen nicht schon zu kalt ist, an den Fundort zurücktragen

★ mit der Pinzette Zecken abzupfen, sie sitzen an der Basis der Stacheln (nicht mit den Zitzen auf dem Bauch verwechseln!)

★ mit einem Mittel gegen Flöhe ein lauwarmes Bad bereiten, Igel hineinsetzen, danach das Tier gut abspülen

★ Igel abtrocknen, vorsichtig föhnen

★ eine Kotprobe zum Tierarzt schaffen, Igel haben oft Parasiten im Darm (weder Flöhe noch andere Parasiten schaden aber dem Menschen)

In einem warmen, trockenen Raum, vielleicht in einem Heizungskeller, wird dem Igel dann bis zum Frühjahr ein Heim bereitet.

Igel einwintern

So wird es gemacht:

- Auslauf von mindestens 2 Quadratmetern sichern, sonst bekommt der Igel Lähmungserscheinungen. Er ist ein guter Kletterer, daher muß der Zaun (aus Holz, jedenfalls nicht aus Maschendraht, denn da besteht Verletzungsgefahr) mindestens 40 Zentimeter hoch sein.
- Schlafhaus aus Karton 25 cm x 20 cm x 15 cm mit einem Schlupfloch von 12 cm x 12 cm anfertigen
- auf wärme-isolierendem Material aufstellen, zum Beispiel auf Holz oder Papier, keinesfalls Plastik, Styropor oder Holzwolle verwenden (Gefahr von Darmverschluß, wenn der Igel daran knabbert)
- das Schlafhaus mit zerknüllten Zeitungen ausstopfen (einmal pro Woche aus hygienischen Gründen auswechseln), er mag es so eng wie in einer Höhle
- den Auslauf mit Zeitungen auslegen — macht er sie voll, so kann man das Papier leicht wechseln
- Schüsselchen mit Wasser und Futter aufstellen, sauberhalten

Der kleine Igel wird keinen Winterschlaf halten, sondern guten Appetit entwickeln. Er darf dennoch nicht mehr als 50 Gramm pro Woche zulegen. Verfettung ist für ihn gefährlich, man erkennt sie an „Pumphosen" an den Hinterbeinen. Ein- bis zweimal täglich bekommt der Gast serviert: jeweils einen leicht gehäuften Eßlöffel voll. Er ist ein Nachttier und ernährt sich in der Natur gerne bei Einbruch der Dämmerung.
Im Haus gibt es statt Raupen, Larven, Würmern und Schnecken eine Mischung aus einer Handvoll Hundeflocken, 500 Gramm gehacktem Rindfleisch, einem Eßlöffel Futterkalk oder Schlemmkreide. Das alles wird mit Wasser angefeuchtet und gut durchgemischt, damit es nicht austrocknet. Diese Menge reicht für mehrere Tage und kann im Tiefkühlfach portioniert aufbewahrt werden.
Auch Dosenfutter für Hunde oder Katzen (mit Rindfleisch oder Fisch) kann man mit Faschiertem/Hackfleisch vom Rind vermischen und ein wenig anfeuchten. Als Zusatz reicht man dem Wintergast Mehlwürmer, Topfen, gekochtes Ei, ein Stück Banane oder Hühnerherz (keine Leber, keinen Magen). Auch die Vitamine B, C und D aus der Apotheke sind gefragt. „Igelfutter" aus der Zoohandlung ist immer nur als Zugabe gedacht und daher überflüssig.
Freigelassen wird der Igel Anfang Mai. Man verabschiedet ihn bei Einbruch der Dämmerung an einer schönen Hecke, fern einer Straße.

Im Naturgarten wird er es nicht schwer haben, wieder seinen Platz zu finden. Und weil er einen gesunden Abend-Appetit verspürt, zieht es ihn zum Wintersalat. Dort wittert er eine Schneckenmahlzeit.

. . . –

Nachbarschafts-

Wie die Igel sind auch die Schnecken nachts unterwegs. Ob mit oder ohne Haus aus Kalk auf ihrem Rücken, beim Gärtner machen sie sich unbeliebt. Denn mit ihrer sandpapierartigen Zunge fallen sie wie mit einem Reibeisen über saftige, frische, aber auch über angefaulte Blätter her, um sie abzuraspeln. Am liebsten sind ihnen junge Pflänzchen. Salat, Kohl, Erdbeeren, Lupinen und Rittersporn: Nichts ist vor ihrem Hunger sicher.

Schnecken

hilfe im Gemüsebeet

Den Appetit von Schnecken beobachten

Was man braucht:

- Schnecke
- Marmeladeglas
- Salatblätter
- Plastikfolie
- Lupe

So wird es gemacht:

★ Schnecke und Salat ins Glas setzen
★ Folie durchlöchern, dann über die Öffnung des Glases spannen
★ an kühlem Platz abstellen, nachts mit dunklem Tuch abdecken, falls man die Schneckenbeobachtungsstation mit ins Haus nimmt

Die Schnecke knabbert das Blatt mit ihrem zahnartigen Oberkiefer von der Seite her an. Dann raspelt sie mit der Zunge, auf der hornartige Chitinzähnchen sitzen, winzige Pflanzenteilchen ab: So wird der Salat durchlöchert.

Die Vorliebe der Schnecken für feuchte Verstecke kann sich der Gärtner zunutze machen. Legt er Bretter oder Säcke zwischen die Gemüsereihen, so verkriechen sie sich bei Tag darunter. Jetzt kann er bequem die unerwünschten Mit-Esser aufsammeln und woanders aussetzen. Hilfreich ist auch ein ...

Schneckenzaun

Was man braucht:

- engmaschigen Draht oder Weißblechreste
- Zange
- Arbeitshandschuhe

So wird es gemacht:

- ★ Umfang der Gemüsebeete abmessen
- ★ Maschendraht in 20 Zentimeter breite Streifen schneiden
- ★ die Streifen waagrecht (mit der Längsseite) in die Erde stecken, den oberen Rand nach außen umbiegen — jetzt können die Schnecken nicht darüberkriechen

Schnecken sind nicht nur „Schädlinge“, sondern zugleich auch Nützlinge. Igel, Singdrosseln und Glühwürmchen haben ihre Freude an ihnen. Doch nur, solange man ihnen die Mahlzeit nicht mit chemischem Schneckentod würzt. Denn ernähren sich diese Gartenbewohner von vergifteter Beute oder picken sie gar die Giftkörner pur, so gehen natürlich auch sie daran zugrunde.
Allein in der Schweiz wurden auch fünfzig Unglücksfälle mit Kindern nachgewiesen. Das Schneckengift kann nämlich das menschliche Nervensystem und die Atmungsorgane angreifen und zu Lähmungen führen. Das gilt übrigens auch für Pyrethrum, ein Schädlingsbekämpfungsmittel aus einer Chrysanthemenart, das man im Labor nachbaut und als alternativen, unschädlichen Wirkstoff verkauft.
Auf einem deutschen Testfeld, das mit Kunstdünger und Pestiziden dreißig Jahre lang ganz „normal“ behandelt worden war, haben 99 Prozent der Nützlinge nicht überlebt. Auch der deutsche Imkerbund stellt fest: Durch Gifte werden jährlich 200.000 Bienenvölker geschädigt, bis zu 5.000 ausgerottet.

! Im Naturgarten hingegen wird nicht mit der Chemiekeule zugeschlagen. Hier reguliert die Natur sich selbst, dank einer tüchtigen Riege kleiner bis winziger Helfer.

Die Bravlinge

36 Jahre lang kann sich die Erdkröte in einem Garten, in dem sie sich wohlfühlt, nützlich machen. Das bis zu 15 Zentimeter große Tier mit den goldgelben bis kupferroten Augen und den großen, dicht stehenden Warzen am Körper putzt bei seinen nächtlichen Streifzügen Schnecken, Würmer, Insekten und deren gefräßige Larven weg.

Erdkröte

Im März und April unternehmen Erdkröten weite Wanderzüge zu Wasserstellen, um dort zu laichen. Jedes Jahr kehren sie an diese Stammplätze zurück. Thomas hat sich die in Klumpen abgelegten Eier von Fröschen und die langen Laichschnüre der Erdkröten mit den schwarzen Eiern für den eigenen Gartenteich geholt: aus einer Schottergrube, die bald darauf zugeschüttet wurde. Den Teich hatte sein Vater vor zwei Jahren angelegt: Dazu hob er eine fünf Quadratmeter große Grube aus, legte eine Plastikfolie hinein, bedeckte sie mit Sand und Schotter und besiedelte sie mit Wasserpflanzen. Im Umweltspürnasen-Buch „Tümpel und Teich" läßt sich nachlesen, wie das gemacht wird.

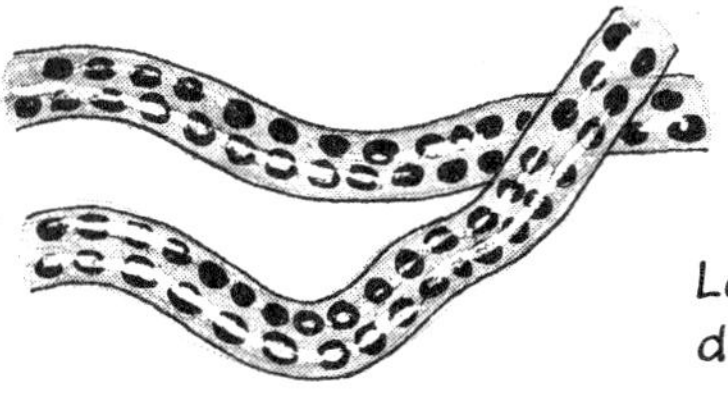

Laichschnüre der Erdkröte

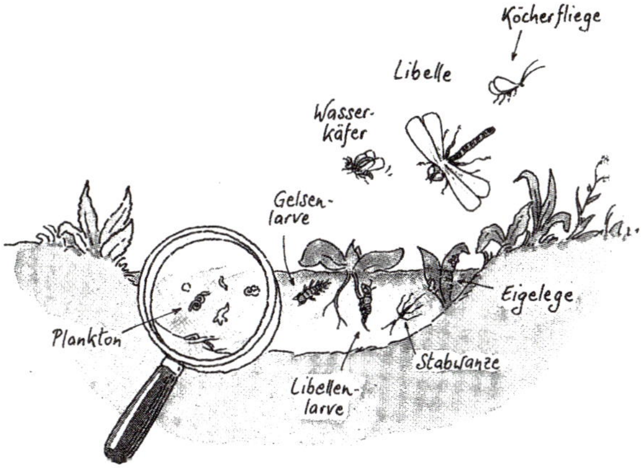

Ganz von selbst hat sich zuerst Plankton (winzige schwebende Wassertiere und -pflanzen) eingefunden, dann kamen Wasserläufer und Libellen vorbei. Im Uferdickicht fanden Spitzmaus, Frosch und Kröte Unterschlupf.

Aus den Eiern der Erdkröten schlüpften nach drei Wochen die Kaulquappen aus. Nach zwei, drei Monaten hüpften die jungen Erdkröten durch den Garten. Sie können graurot oder schwarzbraun sein, je nach der Umgebung, in der sie leben. Überwintern werden die Zuwanderer im Laub unter der Hecke, unter Reisig und im Komposthaufen.

Unter der Hecke finden auch von Oktober bis März Blindschleichen ihr Winterquartier. Thomas hat ihnen zusätzlich einen lockeren Steinhaufen in der Sonne aufgeschlichtet, damit sie sich in der warmen Jahreszeit dort sonnen, aber auch verkriechen können.

Blindschleiche

Die braun, grau oder rötlich gefärbten, bis zu 50 Zentimeter langen Blindschleichen sehen zwar aus wie Schlangen, gehören aber zur Familie der Echsen. Die Weibchen haben oft auf dem Rücken einen feinen dunklen Mittelstrich, junge Blindschleichen schillern silbrig oder goldfarben. Nachts kommen sie aus dem Versteck und machen sich auch im Gemüsegarten nützlich, indem sie unser Grünzeug von Nacktschnecken und Raupen befreien.
Ein ganzes Heer von Nützlingen setzt auch den Blattläusen nach. Diese lästigen Winzlinge stechen mit dem Rüssel Pflanzen an, um Saft abzusaugen. Die Säuferschar macht die Pflanze nicht nur schlapp, sondern überträgt dabei auch Krankheitserreger.
Den im Pflanzensaft enthaltenen Zucker scheiden die Blattläuse über Drüsen am Hinterleib als „Honigtau" aus, auf den die Ameisen scharf sind. Diese zwicken den Blattläusen auch die Flügel ab und halten sie im Ameisenbau wie Kühe im Stall zum Melken.
Blattläuse treten nicht einzeln, sondern gleich in Kolonien auf — zur Freude ihrer Freßfeinde, die sie in großer Menge an einem Platz bequem abweiden können.

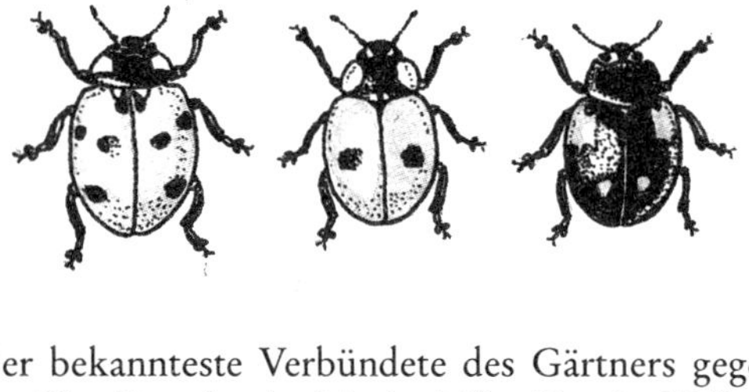

Marienkäfer

Der bekannteste Verbündete des Gärtners gegen die Übermacht der Blattläuse ist der Marienkäfer. Der im Volksmund als Glücksbringer bezeichnete rote Flieger mit den schwarzen Punkten tritt am häufigsten als Siebenpunkter und als Zweipunkter auf. In Gebieten mit hoher Luftverschmutzung findet man ihn auch völlig schwarz.

Nicht nur die erwachsenen Marienkäfer räubern tüchtig, sondern vor allem die zunächst schwarzen, später stahl- oder graublauen Larven mit den gelbroten Rückenflecken. Auf Grund des hohen Futterangebots vermehren sich in starken Blattlausjahren die Marienkäfer explosionsartig.

Während des vier- bis sechswöchigen Larvenlebens erledigt jede einzelne bis zu 1.500 Blattläuse. Sie packt ihr Opfer mit den kräftigen Kiefern und saugt es aus. Hat sich die Larve dick gefressen, verharrt sie für sechs bis neun Tage als Puppe in völliger Ruhe. Daraus schlüpft der fertige Marienkäfer aus und macht sich ans Blattlausen.

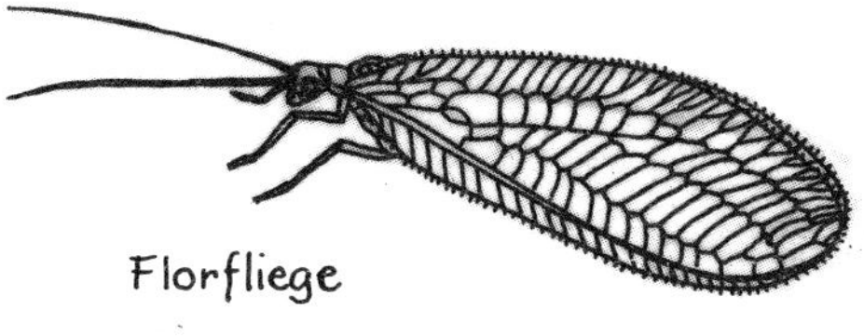

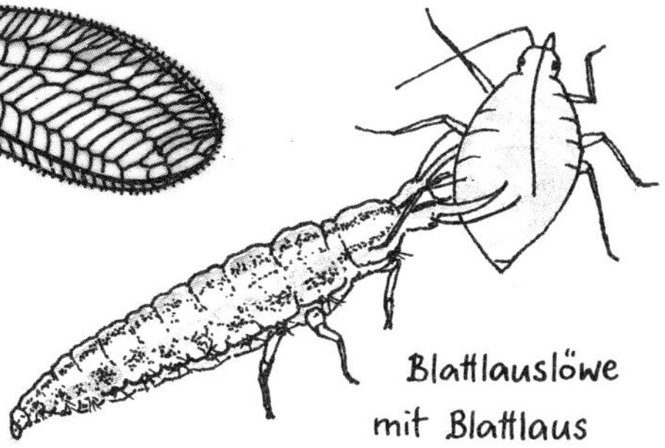

Die schöne zartflügelige Florfliege (ihr Körper ist im Frühling gelb, im Herbst grün), die in der Dämmerung nach Läusen und kleinen Raupen jagt, hängt ihre Eier gleich neben die Blattlauskolonie an die Unterseite der Blätter. So können die Larven, die sogenannten Blattlauslöwen, gleich zu futtern beginnen. Ein einziger Blattlauslöwe verschlingt bis zu 500 Stück, ehe er sich verpuppt. Florfliegen kommen zum Überwintern gern ins Haus, wo sie dann nicht gestört werden sollten.

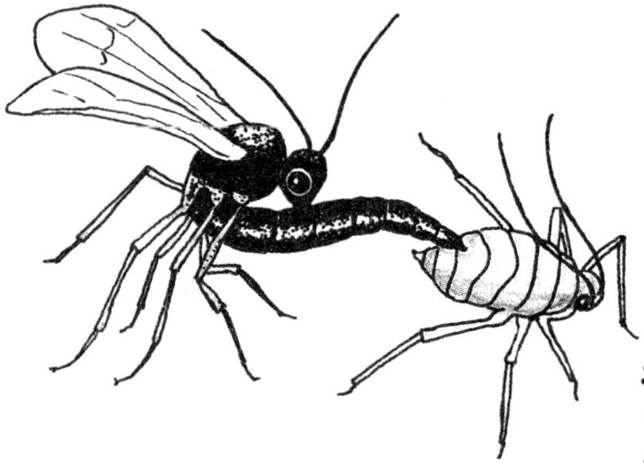

Schlupfwespe setzt ein Ei im Körper der Blattlaus ab

Schlupfwespen benützen Blattläuse sogar als Kinderstube. Eine Art dieser Wespen ist auf die Raupen des Kohlweißlings spezialisiert, die durch ihre Gefräßigkeit im Gemüse großen Schaden anrichten können. Mit dem Legestachel stechen die Schlupfwespen das Opfer an und setzen ein Ei in dessen Körper, das sich im Inneren von Blattlaus oder Raupe zur Larve entwickelt. Diese heftet sich später außen an den leer gefressenen Gastgeber an und verpuppt sich. Aus der Puppe erhebt sich eines Tages die fertige junge Schlupfwespe in die Luft. Zum Überleben braucht sie nun eine nahe Blumenwiese, wo sie sich von Pollen und Blütensäften, dem Nektar, ernährt.

Auch andere einzeln lebende Wespen- und Bienenarten machen sich gegen Blattläuse und Raupen nützlich, denn sie füttern ihre Brut damit. Um sie anzulocken, baut man ...

Nisthilfen für Bienen und Wespen

Was man braucht:

- 8-10 Zentimeter dicke Baumscheiben von Buche oder Eiche
- Handbohrer, besser eine Bohrmaschine

So wird es gemacht:

★ in die Baumscheiben Löcher bohren: 3-10 Millimeter breit und 5-8 Zentimeter tief

Die Baumscheiben an sonnigen Stellen an der Hauswand aufhängen. Solitärbienen und -wespen, also einzeln lebende Tiere, die sich hier ansiedeln, sind friedlich und lassen sich gut aus der Nähe beobachten.

Sticht einmal eine Honigbiene zu, weil man ihr beim Rückflug zum Bienenstock oder zum hohlen Baum gerade störend in den Weg kommt, so helfen alte Hausmittel.

Erste Hilfe bei Bienenstich

So wird es gemacht:

★ den Stachel mit einer Pinzette oder einer Nadel herausziehen (wer dabei preßt und kratzt, drückt noch mehr Gift unter die Haut!)

★ die Einstichstelle mit Lavendelöl, dem Saft einer Zwiebelschale oder mit einem Salmiakstift betupfen

★ bei einem Wespenstich verwendet man Essig

★ schwillt die Stelle an, macht man Umschläge mit essigsaurer Tonerde

★ Landet ein Stich im Mund (weil zum Beispiel die Biene im Limonadeglas oder auf dem Marmeladebrot saß), muß man den Arzt aufsuchen. Unterwegs Eisstückchen lutschen, wer doppelkohlensaures Natron zu Hause hat, spült damit den Mund aus: 1 Teelöffel auf 1 Glas Wasser.

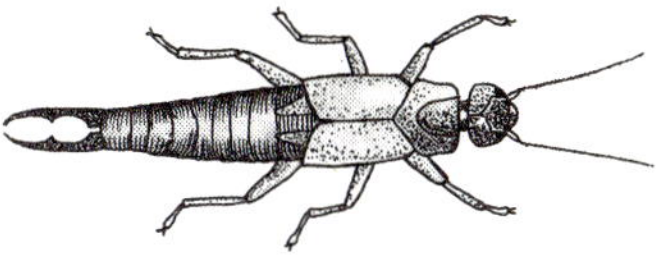
Ohrwurm

Am natürlichen Gleichgewicht im Garten ist auch der unscheinbare Ohrwurm beteiligt. Mit einem Wurm ist er allerdings weder verwandt, noch haben die beiden irgendeine Ähnlichkeit miteinander. Der Ohrwurm ist auch nicht an deinem Ohr interessiert. Nachts geht das braune eineinhalb Zentimeter kleine Kerbtier (es ist mit Grillen und Heuschrecken verwandt) auf Jagd nach Blattläusen und Räupchen. Mit der großen Zange am Hinterleib faßt es seine Beute und schiebt sie sich über den Rücken in den Mund. Bei Tag schläft der Ohrwurm unter Steinen, Brettern oder unter dichtem Pflanzenwuchs, meist in Gemeinschaft mit vielen anderen Artgenossen: Man hat schon 500 an einem Platz gefunden. Normalerweise baut das Weibchen ein Nest in den Boden, aber es nimmt auch gerne einen speziell ausgerüsteten Blumentopf als Versteck und Nistplatz an:

Ohrwurmglocke basteln

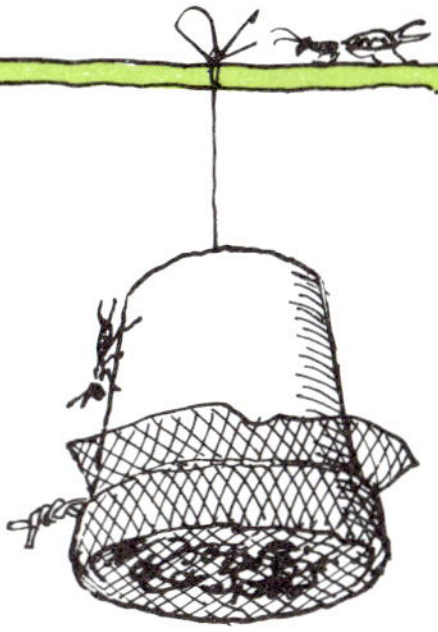

Was man braucht :
- einen kleinen Blumentopf aus Ton
- Holzwolle oder Moos
- engen Maschendraht
- Schnur

So wird es gemacht:
★ den Blumentopf zur Hälfte mit Holzwolle oder Moos ausstopfen (jedes Jahr erneuern)
★ die Öffnung mit dem Maschendraht verschließen
★ an einer Schnur den Blumentopf mit dem Boden nach oben in einen Baum oder Strauch hängen oder zwischen Gemüse und Blumen aufstellen

Wer die eifrigen kleinen Nachtarbeiter, Ohrwürmer, Hundertfüßer, Asseln, Käfer und Spinnen, beobachten möchte, kann ihnen eine Falle stellen:

Falle für Nachtinsekten

Was man braucht:
- Einmachglas
- kleine Schaufel
- kleine Steine
- Holzplatte oder Dachziegel

So wird es gemacht:
- ★ Grube für das Einmachglas ausheben, das Glas hineinrammen, Glasrand und Bodenoberfläche müssen in einer Ebene sein
- ★ Brett oder Dachziegel wie ein Dach über der Glasöffnung auf Steinen auflegen, Glas darf nicht verwendet werden, da es, auch schon in der Morgensonne, einen Brennglas-Effekt bewirken könnte
- ★ Abstand zwischen Boden und „Dach“ muß so niedrig sein, daß keine Maus, dafür aber alle kleinen Insekten durchschlüpfen können
- ★ am Morgen die Falle kontrollieren, die Tiere beobachten und am selben Platz wieder frei lassen

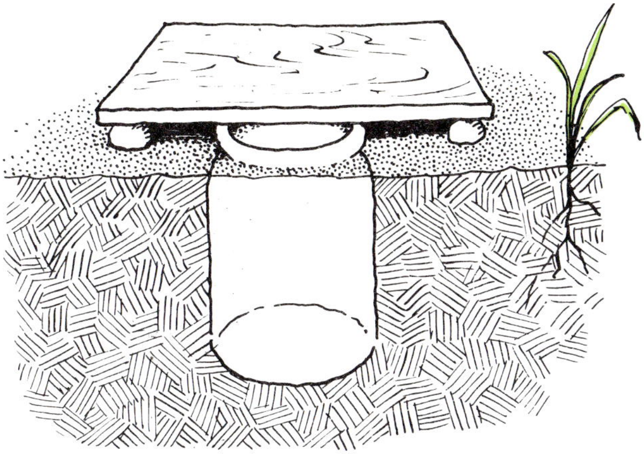

Je nach Standort der Falle wird der Fang anders aussehen. Besonders reich besiedelt wird sie in der Nähe des Komposthaufens (siehe Seite 115) sein.

Eine Vielfalt von Gartenbewohnern läßt sich mit einer Biotop-Arche anlocken. Gleich mehrere Lebensräume, sogenannte Biotope, bringt man darin auf kleinem Raum zusammen. Ist die Arche einigermaßen naturnah gelungen, werden sich Pflanzen und Tiere ganz von selbst darin ansiedeln. In einem Garten, in dem der Rasenmäher Tiere und Pflanzen vertreibt und die Giftspritze das Gemüse bedroht, kann die Biotop-Arche eine Überlebensinsel sein. Allerdings braucht sie ziemlich viel Platz.

Biotop-Arche

Was man braucht:

- ein etwa 7 Quadratmeter großes Gartenstück
- Holzlatten und Nägel
- Strohmatten
- Sand und Lehm
- Blumentöpfe, Baumscheiben, Reisig, Dachziegel, Steine

So wird es gemacht:

★ die Holzlatten zu einem Gerüst zusammenfügen

★ die Dachkonstruktion, die eine Schräge bildet, mit Strohmatten zum Teil abdecken, auf den Boden kommen Sand und Lehm

★ Solitärwespen und -bienen siedeln sich im Boden und in den Strohmatten des Daches an.

★ Locker aufgeschichtete Steine, Reisig und Dachziegel dienen Igeln, Spitzmäusen, Asseln, Blindschleichen und Fröschen als Unterkunft.

★ In Ästen und Laub werden sich Tiere aus der Streuschicht des Waldes (Springschwänze, Milben) und aus dem Komposthaufen (beispielsweise Regenwürmer) ansiedeln und für ein gesundes Bodenleben sorgen.

★ Auch eine Flechtwand aus Zweigen findet ihre Bewohner, zum Beispiel Spinnen oder Feuerwanzen.

★ Maschendraht zwischen den Latten macht es Kletterpflanzen leicht, sich hochzuranken.

★ Ohrwurmglocken, Nistkästen für Vögel (siehe Seite 104) und Baumscheiben mit Bohrlöchern vervollständigen das Angebot an Lebensräumen.

Beobachter bitte draußen bleiben: Das Innere der Arche sollte möglichst nicht betreten werden!

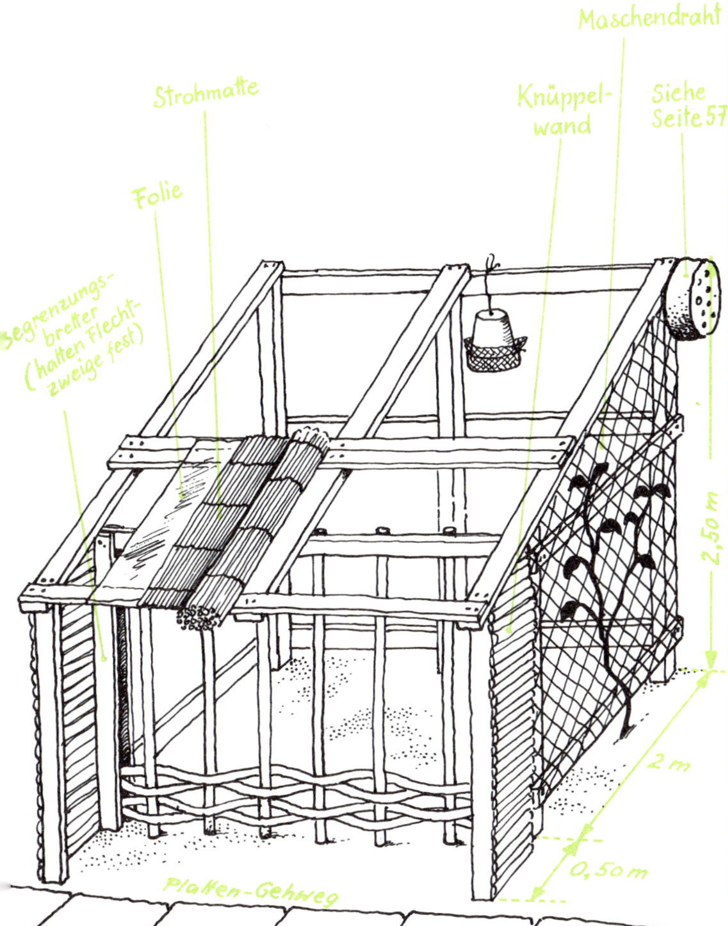

Im Inneren der Arche lose aufschichten:

Baumstämme, Äste, Steine, Mauersteine, Dachrinnen, Dachziegel...

Einfach dufte!
Pflanzen helfen Pflanzen

Nicht nur Tiere leisten Blumen und Gemüse Nachbarschaftshilfe, indem sie Schädlinge von ihnen abhalten. Auch Pflanzen erweisen einander Freundschaftsdienste.
Das ist im wahrsten Sinn des Wortes „dufte“, denn Gerüche können das Wachstum beeinflussen. Durch ein Experiment läßt sich das beweisen.

Pflanzen beduften

Was man braucht:

- Kressesamen
- Gartenerde
- kleine Blumentöpfe
- die gleiche Anzahl leerer Einmachgläser
- Wattebäusche, Draht
- Melissen-, Lavendel -, Majoran-, Basilikum-, Kamillenöl etc. aus Apotheke, Drogerie oder Naturkostladen, diese ätherischen Öle sind leider teuer

oder

- getrocknete Gewürzkräuter aus der Küche

So wird es gemacht:

★ die gleiche Anzahl von Kressesamen in jeden Blumentopf setzen, feucht halten
★ die Blumentöpfe in die Einmachgläser stellen
★ an einer Drahtschlinge einen Wattebausch hineinhängen
★ den Wattebausch mit Öl beträufeln

oder

★ getrockneten Lavendel, Baldrian, getrocknete Minze etc. auf den Boden des Glases streuen

Kresse reagiert besonders stark auf gasförmige „Luftverunreinigungen“, hier also auf Düfte. Manche können sie im Wachstum fördern, manche behindern. Schon nach wenigen Tagen liegt das Ergebnis vor, denn länger braucht die Kresse nicht, um erntereif zu sein. Jeden Tag wird die Höhe der Pflänzchen gemessen und notiert, ob sie grün und kräftig oder gelblich und kümmerlich sind.

Auch im Garten werden Düfte wirksam. Setzt man beispielsweise Karotten/Möhren zu Lauch in dasselbe Beet, so schützen sie einander gegenseitig vor Möhrenfliegen und Zwiebelfliegen. Bohnenkraut hält den Buschbohnen die Bohnenlaus fern. Knoblauch im Erdbeerbeet bewahrt die roten Früchte vor Schimmelbefall. Die gelb blühenden Ringelblumen, Studentenblumen und die gelbrote Kapuzinerkresse vertreiben ihren Nachbarn die Läuse.

Auch unter der Erde machen sich Ringelblumen und Studentenblumen nützlich. Ihre Wurzeln geben wasserlösliche Stoffe ab, die für Fadenwürmer giftig sind. Wurzelausscheidungen der weißen Taubnessel fördern das Wachstum von Erdäpfeln/Kartoffeln. Der Geruch von Wolfsmilch und Kaiserkrone soll Wühlmäuse aus den Beeten vertreiben. Dabei hilft auch das Mauswiesel, das sich im Garten ansiedelt, wenn es Steinhaufen zum Verkriechen findet. Manchmal lassen sich lästige Wurzelfresser auch durch Geräusche abhalten:

Wühlmausorgel

Was man braucht:

- leere, unverschlossene Glasflaschen

So wird es gemacht:

★ Flaschen eingraben, bis nur noch die Öffnung zu sehen ist

Streift der Wind über diese Anlage, so erzeugt er ein singendes Geräusch, das die Wühlmaus vertreibt.

In der freien Natur überleben verschiedenste Pflanzenarten in einer bunten Gemeinschaft, die im Lauf einer Vegetationsperiode eng zusammenwächst und einander Gutes tut. Ausschließlich Fichten als Wald zu setzen, nur Mais auf einem Feld anzubauen, nur Salat in einem Gartenbeet und nichts als Rosen in der Rabatte (einem schmalen Beet), ist eine Erfindung des Menschen und entsprechend störanfällig.
Der kluge Gärtner setzt daher auch beim Gemüse auf die Natur und pflanzt nicht Erbse an Erbse und Kohl an Kohl, sondern „Kraut und Rüben“ durcheinander. Man nennt das Mischkultur. Beim Wachsen machen die Pflanzen, die hier nebeneinander stehen, einander keine Konkurrenz. Denn sie entziehen dem Boden zu unterschiedlichen Zeiten die Nährstoffe und außerdem aus unterschiedlicher Tiefe, schließlich sind ihre Wurzeln ja verschieden lang.

Vom starken Duft einer Monokultur (in der es jeweils nur eine einzige Pflanzenart gibt) werden besonders viele Schädlinge angezogen. Zu so einem einheitlichen Kohlbeet schwirren dann Kohlweißlinge (eine Tagfalterart) wie die Motten zum Licht. Auf den Kohlblättern legen sie ihre Eier ab. Die daraus schlüpfenden Raupen verzehren ihre Gastgeber bis auf das Blattgerippe.
Wer ein Heer von Schlupfwespen mit einer üppigen Blumenwiese angelockt und verwöhnt hat, darf sich jetzt über ihre Hilfe im Gemüsegarten freuen. Sie legen ihre Eier in den Raupen des Kohlweißlings ab. Die Larven fressen dann ihre Wirtsleute von innen her auf (siehe Seite 56).
Kohl, Dillkraut, Paradeiser/Tomaten, Knollensellerie, Lauch und Thymian zwischen dem Kohl vertreiben die Eindringlinge.

Spezialtip: Die Achseltriebe der Paradeiser/Tomaten, die man ohnehin abzupfen sollte, kann man in Wasser ansetzen und die Brühe dann über die Kohlpflanzen gießen. Vor diesem Duft flüchtet der Kohlweißling, ihm vergeht die Lust aufs Eierlegen. Die im Nutzgarten oft so hilfreiche Ringelblume hat im Kohlbeet nichts zu suchen, denn sie lockt den Kohlweißling an.

Viele dieser alten Gartenweisheiten sind heute verloren gegangen. Urgroßmutters Erfahrung wurde durch Chemie ersetzt.

Urgroßmutters Alltagsgrün

Mit dem dicken, gelben Saft aus dem Stengel des Schöllkrauts, das in der Wiese wächst, brachte der Urgroßvater seine Warzen zum Verschwinden. Im selbst gebrauten Heublumenbad erfrischte seine Frau ihre müden Füße. Aus geschälten, zerkleinerten Roßkastanien kochte sie mildes Waschwasser zur Reinigung von Wollsachen. Als Geschirrbürste dienten Büschel aus Erikastauden oder aus den Bastfasern der Waldrebe. Lauter umweltfreundliche Produkte, preiswert bis gratis, wiederverwertbar, ohne Müll- und Verpackungsprobleme.
Auch gegen den Kummer war ein Kraut gewachsen. Manchmal sogar ein Baum. Gegen Schulstreß und Zorn empfahl man dem Großvater, als er noch ein Bub war, den Stamm einer Weide mit

den Armen zu umschlingen und auf die Geräusche im Inneren zu lauschen. Zur Heilung der aufgewühlten Seele durch den Baum gesellte sich die Stärkung des Körpers durch Rindsuppe und Gemüseeintopf. Letzterer besteht aus alltäglichen Nutzpflanzen, die alle schon in vorgeschichtlicher Zeit bei uns heimisch waren. Gegessen wird mit den Fingern, es darf auch geschmatzt werden.

Steinzeit-Topf
für 2 Personen

Was man braucht:

- 4 Handvoll Brennesselblätter
- 1 Handvoll Sauerampferblätter
- 1 Sellerieknolle
- 1 Rote Rübe/Rote Bete
- 2 Handvoll Hirse
- 1 großen Markknochen

So wird es gemacht:

★ den Markknochen in 1 Liter Wasser auf kleiner Flamme 30 Minuten kochen
★ Sellerie und Rote Rübe/Rote Bete raspeln
★ Brennesselblätter und Sauerampferblätter fein hacken
★ Hirse, Sellerie und Rübe/Bete in den Suppentopf geben, 10 Minuten kochen lassen
★ die gehackten Blätter beimengen, 15 Minuten auf kleiner Flamme ziehen lassen

Zum Steinzeitgefühl gehört auch, daß man nach dem Essen die Finger ordentlich sauberleckt.

Nicht gerade seit der Steinzeit, aber seit rund 400 Jahren gibt es bei uns Topinambur. Seefahrer haben das neue Nahrungsmittel aus Amerika mitgebracht. Bis ins 18. Jahrhundert war Topinambur in Mitteleuropa die wichtigste Ackerfrucht, dann wurde er vom Erdapfel/von der Kartoffel abgelöst. Der Verwandte der Sonnenblume hat wie diese gelbe Blüten und wächst bis zu drei Meter hoch. Verspeist werden seine unterirdischen Knollen.
Im Naturgarten ist die Importfrucht aus der Neuen Welt heute wieder beliebt, denn sie zeigt sich gegenüber Schädlingen und Krankheiten wenig anfällig. Außerdem schmeckt Topinambur gut. Roh, in Scheibchen geschnitten, zu Käse oder gekocht:

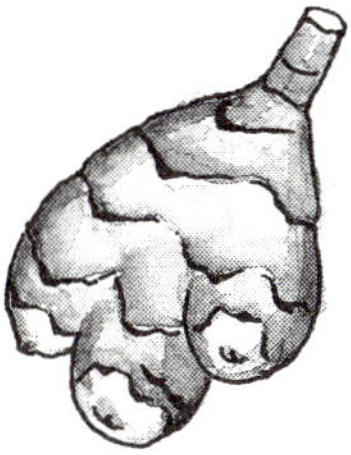

Topinamburcremesuppe

Was man braucht:
jeweils dieselbe Menge
- Topinambur
- Erdäpfel/Kartoffeln
- Sellerieknollen

So wird es gemacht:
- ★ alles in leicht gesalzenem Wasser kochen
- ★ durch ein Sieb passieren oder mixen
- ★ mit Salz und Obers/Sahne abschmecken

Auch Heilkräuter und Gewürzkräuter für die Küche werden für den Naturgarten wiederentdeckt. Im Garten leisten sie beste Nachbarschaftshilfe. Kresse verbessert das Aroma von Radieschen, Pfefferminze den Geschmack von Erdäpfeln/Kartoffeln, Paradeisern/Tomaten und Salat. Als Tee, in der Salbe oder als Badezusatz nützen diese Kräuter der menschlichen Gesundheit. In der Küche verwenden wir sie frisch und kleingehackt, aber auch getrocknet zum Würzen der Speisen. Thymian kommt in die Tomatensuppe und hilft als Tee gegen Halsweh. Salbei gibt man zu Huhn und spült damit bei Zahnfleischentzündung. Petersilie würzt die Suppe. Pimpernelle gehört in den Salat und löscht den Sonnenbrand.

In vielen Gärten gibt es kleine Beete mit Küchenkräutern, die nebeneinander, praktisch unter gleichen Bedingungen, gezogen werden. Sie stammen aber aus sehr unterschiedlichen Gegenden und von ganz verschiedenen Standorten. Die einheimische Brunnenkresse und die Wasserminze mögen es feucht, der südländische Thymian und der Rosmarin besonders trocken.

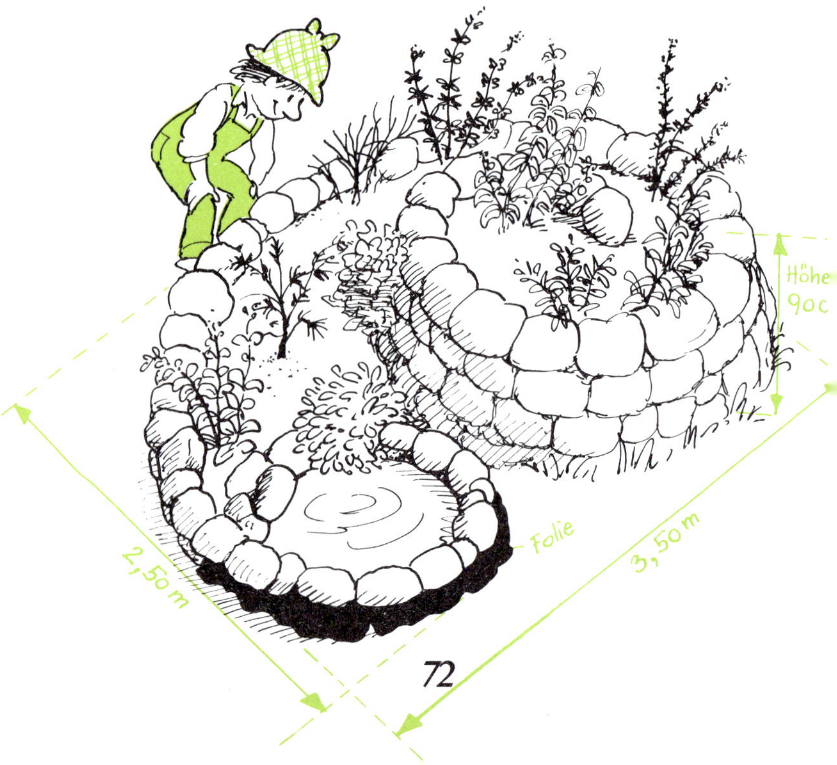

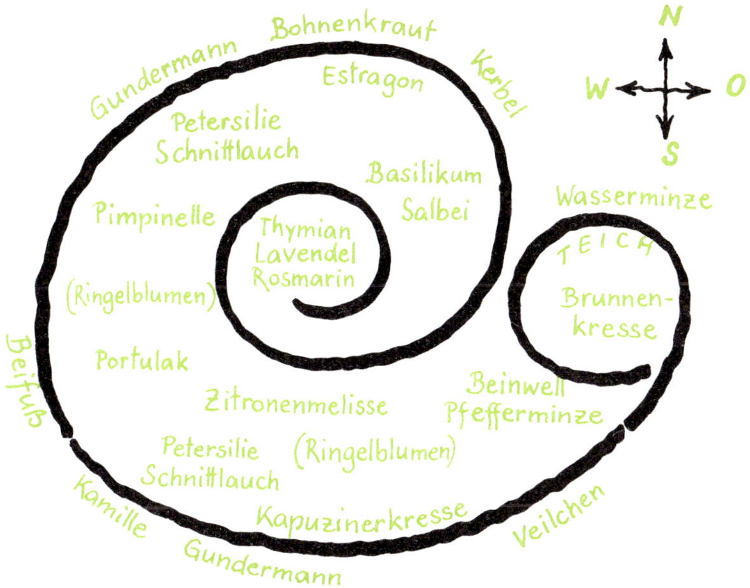

Eine Kräuterspirale erfüllt alle Standortansprüche an einem einzigen Platz. Dieses hügelartige Bauwerk errichtet man an einer sonnigen Stelle im Garten. Es besteht im Kern und in den Randbegrenzungen aus einer Natursteinmauer (also aus aufeinander geschlichteten Steinen), deren Hohlräume mit unterschiedlichem Material aufgefüllt werden. Beispielsweise mit Bauschutt, denn viele Küchenkräuter mögen kalkhaltigen, trockenen Boden. Am Fuß der Mauerspirale läßt sich in einer Mulde ein Miniteich anlegen, wie er schon im Umweltspürnasen-Buch „Tümpel und Teich" beschrieben wurde. Hügelaufwärts folgt eine Zone, in der mit Gartenerde und Kompost (siehe Seite 115) aufgefüllt wird. Erst im obersten Teil ist es sandig und trocken.
Die Kräuterspirale braucht viel Platz. Nötig ist eine Grundfläche von 3,5 m x 2,5 m, damit man genug Steine unterbringen kann, die die Sonnenwärme speichern. Die Küchenkräuter besorgt man sich in der Gärtnerei oder zieht sie selbst aus Samen. Es gibt auch einjährige, die jeden Frühling erneuert werden müssen, zum Beispiel Basilikum, Borretsch und Dill.
Bald läßt sich auch die Eroberung der Gesteinsflächen und der Mauerritzen durch Wildpflanzen beobachten, deren Samen der Wind angeweht hat, die von Vögeln mit ihrem Kot transportiert wurden oder von Ameisen auf ihren Wanderungen. Schon wachsen Gräser und Ehrenpreis in den Ritzen. Man kann hier auch Mauerpfeffer pflanzen.

Langbeinige Weberknechte ziehen ein, Bienen graben Löcher für ihre Brut. Eidechsen und Ringelnattern werden auf den heißen Steinen die Sonne genießen, an der Mauer nach Insekten jagen und sich in den Hohlräumen verstecken. Kröten hingegen suchen Schutz vor dem Austrocknen, sie verkriechen sich bei Tag in einem der Schlupfwinkel.
Viele einheimische Heil- und Gewürzkräuter lassen sich einfach auf der Wiese abernten. Eines dieser uralten Volksheilmittel ist die weiß oder rötlich blühende Schafgarbe. Aus ihren getrockneten Blüten und Blättern bereitet man Tee gegen Magen- und Darmbeschwerden, gegen Lungen- und Nierenleiden. Engelwurz, eine bis zu zwei Meter hohe Pflanze mit nach Honig duftenden grünlichweißen Blütendolden, gilt als Abwehrmittel gegen Verzauberung und Hexerei. Vielleicht, weil sie stark macht?!

Kräftigungsmittel aus Engelwurz

Was man braucht:
- 25 Gramm zerhackte, zerriebene Engelwurz-Wurzeln oder 1 Teelöffel zerstoßenen Samen
- 6 Milliliter Wasser
- 1 Eßlöffel Weinbrand
- Saft einer Viertel Zitrone

So wird es gemacht:
- ★ Wasser mit Wurzeln oder Samen im zugedeckten Topf langsam erhitzen und 15 Minuten schwach siedend kochen
- ★ zugedeckt abkühlen lassen
- ★ abgießen, Weinbrand und Zitrone dazugeben
- ★ in eine Flasche füllen

Vor jeder Mahlzeit, aber nicht am Abend, einen Eßlöffel voll einnehmen!

Mit der kleinen Kamille machte schon die blondgelockte Urgroßmutter ihre Haare schöner:

Blondieren mit Kamille

Was man braucht:

- 2 Handvoll Kamillenblüten, frisch gesammelt oder getrocknet

So wird es gemacht:

- die Kamillenblüten in 1 Liter Wasser 10 Minuten lang auskochen
- durch ein Tuch seihen
- die Haare nach dem Waschen mehrmals mit der Kamillenlösung nachspülen
- naturtrocknen lassen

Blonde Haare werden durch die Kamille heller und bekommen schönen Glanz.

Wildkräuter nennt man die Helfer aus der Natur. Von „Unkraut“ redet nur der Unwissende, der keine Urgroßmutter mit Gartenerfahrung hat.

Vom Nutzen

Was der Gärtner in den Boden setzt, gilt als edel. Was von selbst wächst, ist Unkraut. Zumindest bei den Familien Peinlich und Sauber. Peinlichs stechen jedes Gänseblümchen aus dem mühsam gepflegten Rasen, Saubers machen Jagd auf den Löwenzahn. Doch nicht für einen Frühlingssalat aus den zarten jungen Blättern, sondern um ihn in die Mülltonne zu werfen. Diese „Unkräuter“ überleben nämlich jeden Rasenmäher. Sie ducken sich beim Mähen und gedeihen besonders üppig, wenn man die Gräser ringsum extra kurz schert.

des 'Un-Krauts'

In der halbmeterhohen Blumenwiese des Naturgartens wird ihre Ausbreitung durch pflanzliche Nachbarn und tierische Gäste in der Regel unter Kontrolle gehalten. Hier locken die gelben Blüten des Löwenzahns Bienen an, seine Blätter ernähren Larven von Nachtfaltern, seine Samen pickt der Stieglitz.
Aus Gänseblümchen lassen sich Kränze fürs Haar flechten, aber auch leckere Gerichte zubereiten. Thomas fand sein Rezept in dem Schweizer Schüler-Magazin „Spick“.

Gänseblümchen-Pfanne
für 2 Personen

Was man braucht:
- 8 Handvoll Gänseblümchenblätter, einige Blüten
- 1 kleine Zwiebel
- 2 Eßlöffel Öl
- 2 Kartoffeln
- 4 Eier
- Salz, Pfeffer, etwas Muskatnuß

So wird es gemacht:

- ★ Gänseblümchenblätter waschen, Stiele abschneiden
- ★ mit etwas Salz in Wasser kochen
- ★ absieben, abtropfen lassen, fein hacken
- ★ Kartoffeln schälen, waschen, trocknen, vierteln und in Scheiben schneiden
- ★ in einer kleinen Pfanne die feingehackte Zwiebel in Öl andünsten
- ★ die Kartoffeln dazugeben und weichbraten
- ★ mit Gänseblümchenblättern, Salz, Pfeffer und Muskatnuß würzen
- ★ Eier in einem Gefäß aufschlagen, verqirlen, leicht salzen

- ★ über die Kartoffeln geben
- ★ goldgelb braten
- ★ mit einer Schaufel wenden (oder auf einen Topfdeckel gleiten lassen und dann wenden) und die andere Seite braten
- ★ mit den Gänseblumenblütenköpfen verzieren — sie werden mitgegessen

Wohl am vielseitigsten verwendbar ist die Brennessel. Sie kann auf fast jedem Boden gedeihen, an Mauern, an Hecken und im Gemüsebeet. Brennesseln treten in großen Gruppen auf und lassen sich, weil sie über ein mächtiges Wurzelsystem fest verankert sind, nicht leicht entfernen. Es empfiehlt sich aber auch gar nicht, sie ernsthaft zu vertreiben, denn sie bringen eine Menge Leben in den Garten — obwohl sie sich gegen Berührung wehren:

Die Brennessel brennt

Was man braucht:

- einige frische Brennesseltriebe
- Lupe

So wird es gemacht:

★ mit der Hand über die Brennesselhaare an den Stengeln und Blättern streichen: das Gift, das sie dabei ausstoßen, brennt auf der Haut

★ mit der Lupe die Brennhaare betrachten:
An der Spitze sitzen kugelförmige Köpfchen, die bei Berührung abbrechen. Die freigelegte Spitze dringt in die Haut ein und damit eine brennende Flüssigkeit, die die Pflanze produziert, um sich vor Freßfeinden zu schützen.

★ jetzt mit der Hand fest zupacken: Mit etwas Glück sind die Brennhaare abgebrochen, bevor das Gift injiziert werden konnte, nicht einmal ein Kribbeln ist zu spüren.

Brennesseljauche (1 Kilogramm Brennesseln wird in 10 Litern Wasser 24 Stunden lang angesetzt) hilft durch den hohen Gerbsäuregehalt gegen Blattläuse. Läßt man die Brühe zehn Tage lang ziehen, verdünnt sie anschließend mit Wasser und gießt damit, wirkt sie als Stickstoffdünger. Ohne Frage: Die Jauche stinkt. Wohlriechend und bekömmlich sind dagegen Brennesselblätter als Salat auf dem menschlichen Speisezettel. Sie enthalten reichlich Vitamin A und C, Chlorophyll und Eisen. Übrigens: Ganz junge Brennesseln brennen nicht. Die Brennwirkung der älteren verliert sich eine Stunde nach dem Abpflücken. Gerade in feinen Restaurants wird dieses „Unkraut" heute als Delikatesse serviert:

Brennesselsuppe
für 4 Personen

Was man braucht:
- 8 Handvoll Brennesselblätter
- 3/4 Liter entfettete Rindsuppe oder Salzwasser
- 3/8 Liter Milch
- 2 Eßlöffel Butter
- 2 Eßlöffel Mehl
- 1 kleine Zwiebel
- 1 Eigelb
- Salz, Pfeffer, Petersilie, sauren Rahm/saure Sahne

So wird es gemacht:
- ★ die gewaschenen Blätter mit heißer Suppe oder Salzwasser übergießen, 10 Minuten kochen lassen
- ★ abseihen, den Kochsud aufheben
- ★ Brennesseln durch ein Sieb passieren oder im Mixer pürieren
- ★ kleingehackte Zwiebel und Petersilie in Butter leicht anrösten, mit Mehl eine lichte Einbrenn/Mehlschwitze machen

- ★ mit kalter Milch aufgießen, glattrühren
- ★ mit dem Brennesselsud 15 Minuten kochen lassen
- ★ die pürierten Brennesseln dazugeben, kurz aufkochen
- ★ mit Salz und Pfeffer würzen
- ★ Eigelb mit etwas Milch verquirlen, Topf vom Herd nehmen, dazurühren
- ★ auf die in Suppenteller gefüllte Suppe kommt ein Löffel saurer Rahm/saure Sahne

Nicht nur beim Menschen ist die Brennessel gefragt. Ihre Brennhaare schrecken zwar Kaninchen ab, doch Grashüpfer, Wanzen und Rüsselkäfer ernähren sich von ihr. Blattläuse, die an der Brennessel saugen, schmecken den Marienkäfern. Deshalb sieht man viele Zweipunkter und Siebenpunkter die Brennesselstauden hinauflaufen. Weil diese Tiere leichtgewichtig sind, brechen bei Berührung die Köpfchen der Brennhaare nicht ab, das Gift kann nicht austreten.

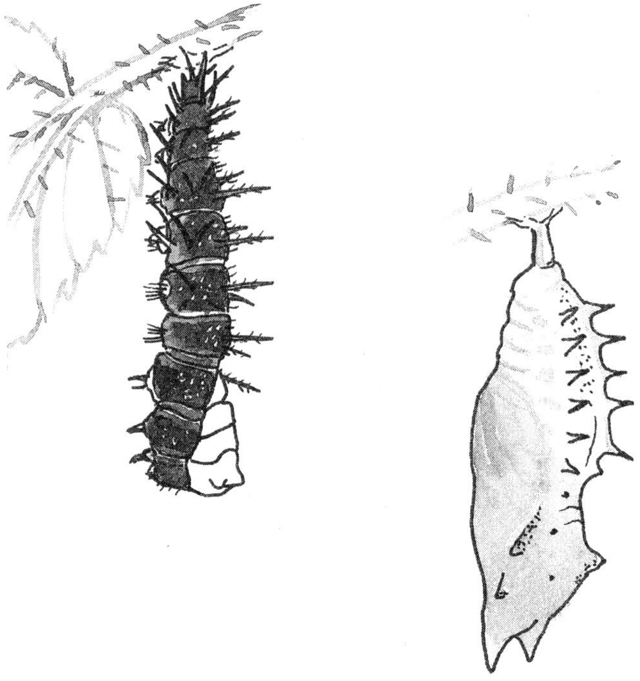

Von der Raupe...

...zum fertigen...

Unsere sechs buntesten Tagfalter benötigen die Brennessel als Futterpflanze für ihre Raupen: Kleiner Fuchs, Tagpfauenauge, C-Falter, Landkärtchen, Distelfalter und Admiral können sich ausschließlich nur von ihren Blättern ernähren. Wer sich also darauf freut, daß ihn im Sommer die schönen Flattertiere umgaukeln, muß für eine gute Kinderstube sorgen. Ist der Schmetterling dann aus der Puppe geschlüpft, pumpt er seine Flügel auf und hebt zu nektarreichen Blüten ab.

Von jetzt an braucht er …

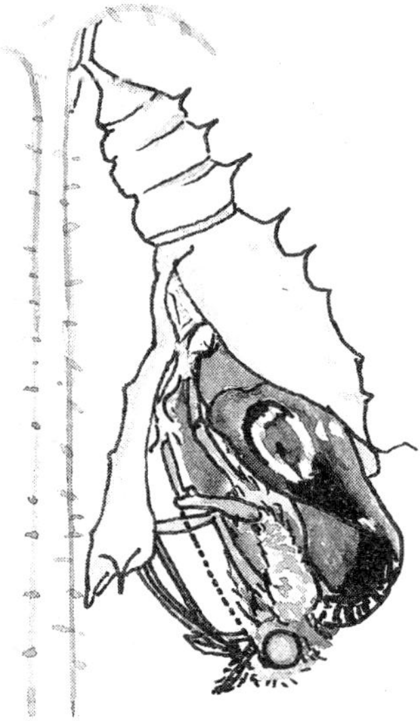

… Tagpfauenauge

Die Blum

Duft und Farbenpracht der Wiese locken eine Vielzahl von Insekten an. Beispielsweise Schmetterlinge, die von Blüte zu Blüte tanzen. Ihre Flügel werden von kleinen farbigen Schuppen bedeckt, die sich wie Dachziegel überlappen und unterschiedliche Muster bilden.

Bei Temperaturen von 20-25 Grad Celsius und bei Windstille sind die bunten Tagfalter am liebsten unterwegs. Mit ihrem Rüssel saugen sie Nektar, einen zuckerhältigen Saft aus Blüten, Früchten

enwiese

oder verletzten Baumstämmen, deren Wunde Harz verschließt. Manchmal taumeln sie wie betrunken von einem Ausschank zum nächsten, denn durch Gärung kann der süße Saft alkoholisch werden.
Den Trinkern bleiben an den Beinen Pollenkörnchen haften. Die tragen sie ins nächste „Gasthaus“ weiter: So werden die Blütenpflanzen bestäubt.

Die Blüten von Geißblatt, Nachtkerze, Goldrute, Liguster oder Phlox sind bei Dunkelheit geöffnet und locken, vor allem mit ihrem intensiven Duft, die Nachtfalter an. Den Mondfleck, die Messingeule, das Taubenschwänzchen oder den Totenkopf.

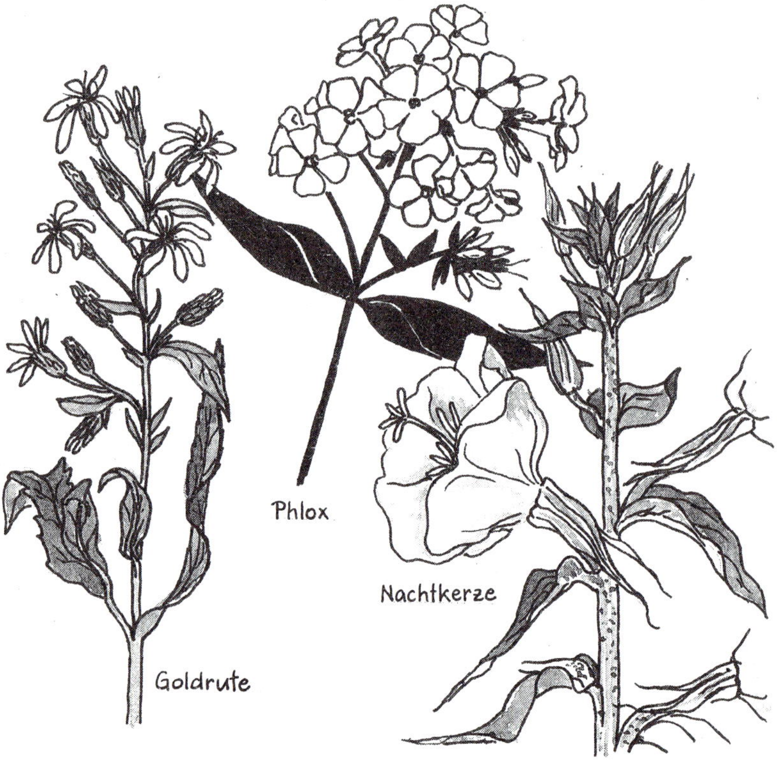

Manche von ihnen sind gut getarnt. Die Achateule verbringt den Tag schlafend auf Blättern und sieht dann selbst wie ein verschrumpeltes Blatt aus. Der Birkenspanner sitzt auf mit Flechten bedeckten Bäumen. Wird der Baumstamm durch Luftverschmutzung schwarz (wobei die Flechte stirbt), nimmt auch der Schmetterling diese Farbe an. Doch auch bunte Falter sind nachts unterwegs, beispielsweise der Mittlere Weinschwärmer. Seine samtigen Flügel und sein Körper sind rosa und grün gezeichnet. Der braune Ligusterschwärmer trägt rötliche Schattierungen.

Cocktail für Nachtschmetterlinge

Was man braucht:
- 1 Teelöffel Honig
- 1 Teelöffel Zucker
- Wasser, Salz

So wird es gemacht:
- ★ Honig und Zucker in etwas Wasser auflösen, eine Prise Salz zugeben
- ★ diesen Cocktail in einem flachen Teller auf dem Fensterbrett servieren
- ★ still beobachten, wie Nachtfalter anschwirren und sich bedienen

oder
- ★ Wattebäusche mit dem Cocktail tränken und in Büschen befestigen

Schmetterlinge folgen nicht nur der Duftspur, sondern auch dem Licht. In der Wiese oder auch an einem Waldrand bauen wir unseren Beobachtungsposten.

Lichtfalle für Falter

Was man braucht:

- altes weißes Leintuch
- Gaslampe oder Schreibtischlampe mit Verlängerungskabel in den Garten
- Zeltstangen, kleine Holzstäbchen, Schnur
- Sirup aus Bier, Rum, Zucker oder aus Weißwein mit viel Zucker

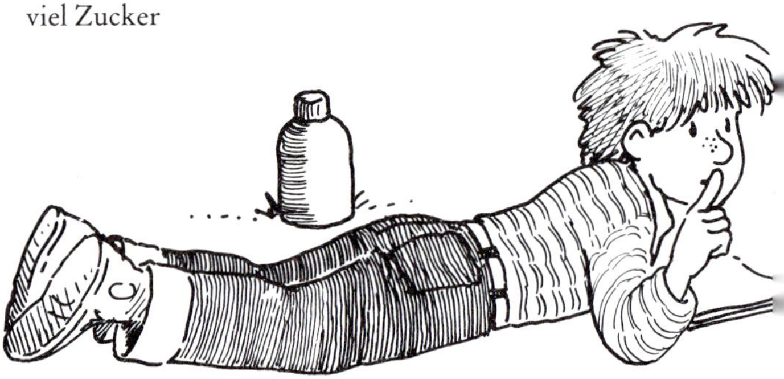

So wird es gemacht:

★ Leintuch mit Hilfe der Zeltstangen dachförmig aufstellen
★ die Längsseiten mit den Holzstäbchen im Boden verankern
★ die Lichtquelle hineinstellen
★ Sirup als zusätzlichen Lockstoff auf das Leintuch streichen

oder

★ das Leintuch zwischen 2 Bäumen befestigen, es darf nicht im Wind flattern
★ die Lichtquelle dahinter aufstellen
★ Sirup auf das Leintuch streichen

Wer dabei sein möchte, wie ein Schmetterling aus der Verpuppung schlüpft, muß Geduld haben und Glück. Zunächst bereitet man für den Neuankömmling ein Glashaus vor.

Schmetterlings-Aquarium

Was man braucht:
- Aquarium
- Brennesseln, Moos, Erde, Zweige
- Schmetterlingsraupen

So wird es gemacht:
★ das Aquarium mit Moos, Zweigen, Rindenstücken und Erde ausgestalten
★ die Futterpflanze, also beispielsweise die Brennessel, von der wir die Raupe abgenommen haben, in ein Glas mit Wasser setzen, Pflanze und Wasser immer wieder erneuern
★ die Öffnung des Wasserbehälters mit Watte verstopfen, damit die Raupe nicht hineinstürzt
★ Raupen in das Aquarium setzen
★ mit abnehmbarer Gaze oder Maschendraht oben abdecken

Vier- bis fünfmal wird sich die Raupe häuten, bevor sie sich verpuppt. Dafür sucht sie sich einen ganz bestimmten Platz: im Boden, an einem Zweig oder an einem Blatt. Schmetterlinge, die sich im späten Frühjahr verpuppen, schlüpfen noch im selben Jahr. Die, die später dran sind, überwintern in diesem Stadium. Man hält sie an einem kühlen Ort und besprüht sie ab und zu mit Wasser. Im Frühling befreien sie sich aus der Puppenhaut, kriechen den Stengel hoch, pumpen die zerknitterten Flügel auf und gaukeln davon.

Viele Schmetterlingsarten, vor allem unter den Tagfaltern, stehen auf der „Roten Liste“. Das heißt, sie sind gefährdet oder gar vom Aussterben bedroht. Weil Insektengifte sie töten und weil ihre angestammten Lebensräume immer seltener werden. Der Naturgarten, speziell die Blumenwiese, kann für die Falter eine Rettungsinsel sein.

Jetzt ist es Zeit für den **MINIKRIMI:**

Der Mückenstich im grünen Wohnzimmer

Früher war es bei den Saubers wie im Innenstadtverkehr. Der Rasenmäher war nicht nur laut, sondern wurde auch mit Benzin betrieben. Heute mähen sie elektrisch. Das ist nur mehr laut. Einmal in der Woche. Es ist schließlich nicht verboten. Außer zu bestimmten Ruhezeiten.
Peinlich sauber soll es in ihrem grünen Wohnzimmer sein, immer aufgeräumt. Man soll sehen, daß sie fleißig waren. Und Fleiß hat seinen Schweiß. Man muß den Rücken krümmen, wegen des ekeligen Löwenzahns, den der Rasenmäher nicht geköpft hat. Und man muß den Rechen schwingen, weil die Bäume das blöde Laub verlieren. Kein Wunder, daß der Mülleimer bei Saubers schon übergeht. Weil ihnen nämlich ein Komposthaufen nicht in die gute Gartenstube kommt.
Da ist schon wieder ein Gänseblümchen hochgekommen. Ganz klar, Unkraut-Ex muß her. Und dort: ein ekeliges Tier auf den Rosen. Blattlaus-Ex muß her. Als Saubers in die Liegestühle sinken, geht bereits die Sonne unter. Man ist müde. Und verärgert über die Stechmücken. Mücken-Ex muß her.
Übrigens: Morgen wollen Saubers mit ihrem Sohn in den Zoo. Dort sieht er Tiere. Und anschließend ins Palmenhaus. Dort sieht er Pflanzen. Denn Saubers sind Naturfreunde. Deshalb haben sie sich auch den Burli gekauft, den Wellensittich. Der Vogel im Käfig ist dann auch der einzige weit und breit.
„Die Mücken verdanken wir den Bergers mit ihrem Dschungel“, giftet sich Herr Sauber, als wieder eine auf seiner Nase sitzt. Hat er recht?

Übrigens: Im Naturgarten gießt man mit Regenwasser, das in einer Tonne gesammelt wird. Der erste Regenguß aber, nach einer längeren Trockenzeit, spült den Staub, der sich über Tage oder Wochen auf dem Dach festgesetzt hat, in die Dachrinne und von dort in die Regenwassertonne. Er enthält also den allermeisten Schmutz und die allermeisten Schadstoffe. Ganz klar: Damit darf man nicht gießen. Klappe zu!

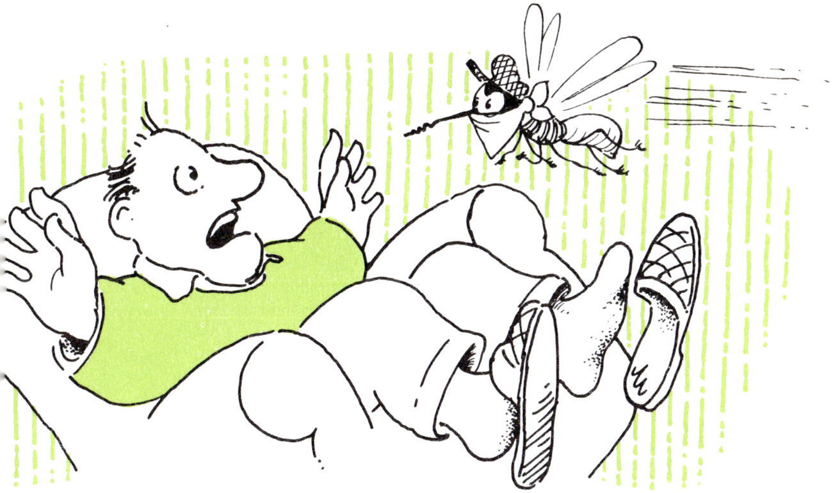

Lösung: Durch das dauernde Rasensprengen und Autowaschen bleiben Pfützen in schattigen Gartenecken stehen, beispielsweise unter der Thuje und der Eibe. In diesen Lacken können sich kurzfristig Mücken entwickeln. Weil in diesem Garten Mückenfresser, beispielsweise Vögel oder Frösche, keine Nahrung, kein Versteck und keinen Nistplatz, sondern nur Insektengift finden, können sich die weiblichen Blutsauger ungehindert auf die Saubers stürzen.

Kur für den Bürstenschnitt

Rundum artenarm ist der Rasen, in dem nur Gräser zugelassen sind, denen wöchentlich der Rasenmäher über den Kopf fährt. Das ganze Jahr über grünt er gleichförmig: eine bewegungslose, tierarme Fläche. Man kann ihn sogar per Meter kaufen, wie Teppichboden von der Rolle. Der ist dann besonders dicht und läßt Fremdlinge nicht aufkommen.

Die Blumenwiese dagegen wird nur zweimal im Jahr gemäht. Einmal im Frühsommer und einmal Ende September, dann haben sich nämlich Blüten und Samen schon ausgebildet. So wird sie üppiger von Jahr zu Jahr. Gemäht wird mit der Sense. Denn der Rasenmäher kann sich durch die Gräser, Kräuter und Stauden nicht mehr durcharbeiten. Als Sensenmänner und -frauen kommen nur Erwachsene in Frage. Für sie ist die rhythmische Bewegung mit dem Stahlmesser am langen Holzstiel eine gute Übung gegen Bandscheibenschäden.

Wer seinen Rasen, oder zumindest einen hausfernen Teil davon, auf eine Blumenwiese umstellen möchte, muß Geduld haben. Es ist nicht damit getan, eine Packung mit der Aufschrift „Blumenwiesenmischung“ auszustreuen. In der Tat zieht sich der Weg bis zu paradiesischem Artenreichtum über fünf bis zehn Jahre.

Dem kann man natürlich ein wenig nachhelfen. Indem man ein kleines Stück Rasen an sonniger Stelle aussticht, abhebt und Sand und Schotter in den Boden einarbeitet. Hier werden sich besonders schöne Wildkräuter von selbst ansiedeln, die es lieber mager als nährstoffreich haben.

Samen werden nicht nur durch den Wind vertragen oder durch den Kot der Vögel, sie bleiben auch ganz einfach an den Füßen hängen, wenn sie feucht und dadurch klebrig werden. Bei Tieren und bei Menschen. Das läßt sich ausprobieren.

Schuhsohlenwiese

So wird es gemacht:
- ★ im Backrohr eine Schale mit Erde erhitzen, damit alle keimfähigen Samen absterben
- ★ nach einem Spaziergang durch Wald und Wiese den Schmutz von den Schuhsohlen auf die sterile Erde kratzen
- ★ befeuchten
- ★ mit einer Glasplatte abdecken
- ★ an einem warmen, hellen Ort abstellen

Nach ungefähr 14 Tagen werden schon die ersten Pflanzen zu sehen sein. Zuwarten, was sich noch daraus entwickelt!

Es lohnt sich auch, Samen vom Heuboden eines Bauern aufzukehren, die sogenannten Heublumen. Sie sind beim Trocknen aus dem Mähgut gefallen. Man kann auch bei einem Spaziergang Wildpflanzen berauben, nämlich Margeriten, Gräser und Hahnenfuß. Mit der Hand streift man die reifen Samen in ein Säckchen. Bei der Zeitschrift „Kosmos" bekommt man Samen gefährdeter Wiesenpflanzen gratis. Adresse: Pfizerstraße 5-7, D-7000 Stuttgart 1.
Gemäht wird übrigens immer nur ein Teilstück der Blumenwiese, erst drei Wochen später das nächste. So bleibt jeweils genug ungestörter Lebensraum für die Tiere erhalten.
Die Blumenwiese summt, ist farbenfroh und reich besiedelt. Auf einer einzigen Blütendolde des Bärenklaus kann sich ein Dutzend Tierarten aufhalten: z.B. Käfer, Schwebfliegen, Wespen, Bienen und Schmetterlinge. Grillen und Heuschrecken, die zirpen und schrillen, wohnen im und auf dem Wiesenboden.
Wer in einer lauen Sommernacht Lichtpünktchen tanzen sieht, muß nicht gerade träumen. Die Weibchen der Glühwürmchen, kleiner Leuchtkäfer, sitzen an einem Grashalm, einem Blatt oder auf dem Boden, schwenken den Körper hin und her und strahlen grünlich-weißes Licht aus. Auf der Bauchseite haben sie vier Leuchtsegmente, die sie „einschalten", um die Männchen anzulocken. Fühlen sie sich gestört, zum Beispiel, wenn ein Frosch naht, auf dessen Speiseplan sie stehen, schalten sie schnell ab. Glühwürmchen fallen im Garten nicht nur als „Sternschnuppen" angenehm auf. Sie halten auch die Schneckenbevölkerung in Schach. Diesen Gärtnerschreck betäuben sie und fressen ihn aus dem Haus heraus.

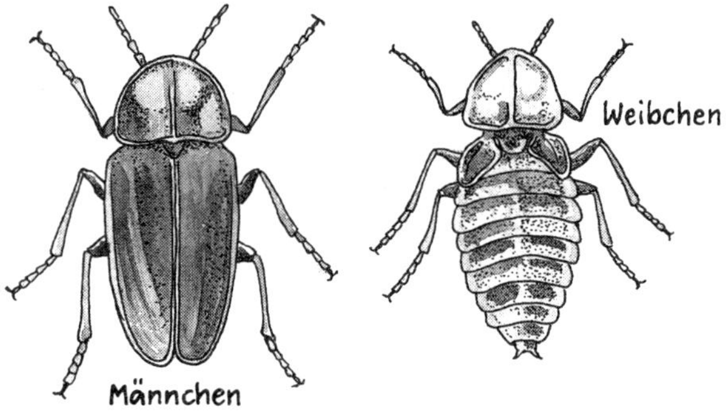

Glühwürmchen

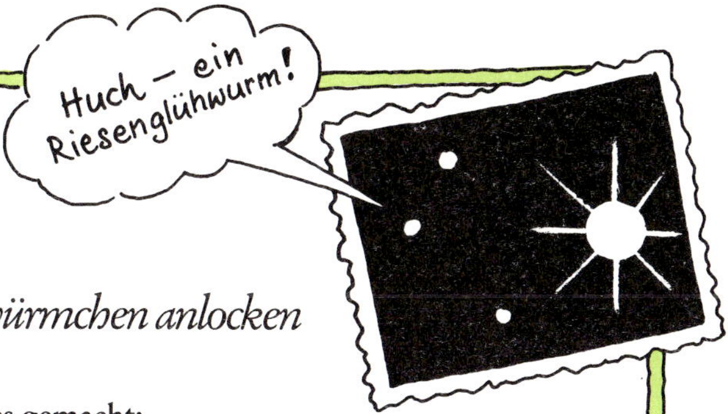

Glühwürmchen anlocken

So wird es gemacht:

- ★ mit der Taschenlampe nachts auf der Wiese in regelmäßigen Abständen Lichtsignale geben
- ★ die männlichen Glühwürmchen — nur sie haben Flügel — kommen angeschwirrt (Übrigens können auch sie leuchten, doch schwächer als die Weibchen.)

Vielleicht gerät auch noch ein anderer nächtlicher Schneckenjäger in den Lichtkegel der Taschenlampe: zum Beispiel der Igel auf dem Weg von der Hecke zum Gemüsebeet.
Auch der Nachthimmel ist belebt. Dort machen Mini-Drachen, die Fledermäuse, Zielflug auf die Nachtfalter. Sie und die Vögel brauchen heute ...

Braunes Langohr

Wohnbauhilfe

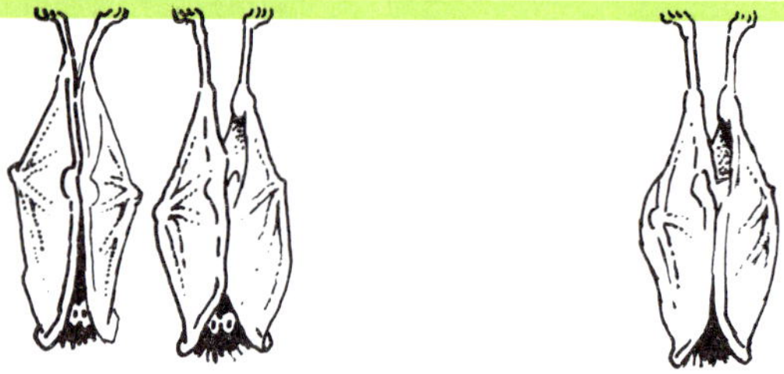

Fledermäuse sind die einzigen Säugetiere in Europa, die fliegen können. Nicht mit gefiederten Schwingen, sondern mit Hautflügeln. Ihr Körper ist rundum behaart, ausgenommen die Nasenspitze und die Ohren. Die Zwergfledermaus paßt sogar in eine Streichholzschachtel, wenn sie die Flügel anlegt. Das Mausohr hingegen hat bei seinem kleinen Körper von sieben Zentimetern Länge eine Flügelspannweite (eigentlich: Flughautspannweite) bis zu 43 Zentimeter.
Auch bei tiefer Dunkelheit gelingen der Fledermaus waghalsig anmutende Wendemanöver und Sturzflüge auf ihre Beute, dank ihres Radarsystems. Sie stößt Ultraschalltöne aus, die als Echo an ihr Ohr zurückkommen. Über diese Peil-Laute ortet sie blitzartig jede kleine Motte.
Den Winterschlaf hält sie in Höhlen, auf Dachböden und in Kirchtürmen, wenn sie eine offene Luke findet. Dort hängen ganze Kolonien kopfunter von der Decke. Stört man die Fledermäuse bei der Ruhe, gehen sie durch den Energieverlust, den ihnen das Aufwachen bereitet, zugrunde. Damit beim Winterschlaf der Mini-Drachen alles hübsch sauber bleibt, legt man Zeitungspapier oder Plastikfolie unter die Wintergäste. Ziehen sie im Frühling wieder ab, trägt man die Fledermauskot-Sammlung zum Komposthaufen.
Im Sommer schlüpfen die Tiere in hohle Bäume, unter rissige Rinden, aber auch in Meisenkästen oder Spechthöhlen. Als Sommerquartier und Nistplatz kann man ihnen an der Sonnenseite von Bäumen eine Unterkunft anbieten.

im Obstgarten

Nistkasten für Fledermäuse

Das Bauholz darf nicht mit Holzschutzmittel eingestrichen werden. Es empfiehlt sich, gleich mehrere Nistkästen auf engem Raum, nur wenige Meter voneinander entfernt anzubringen. Denn Fledermäuse siedeln gern in Gruppen, außerdem macht es dann bei dem großen Angebot nichts aus, wenn auch Vögel manche dieser Unterkünfte beziehen.

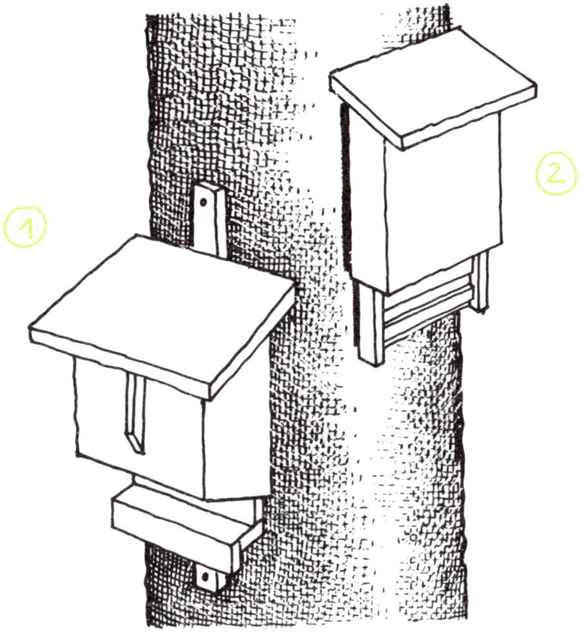

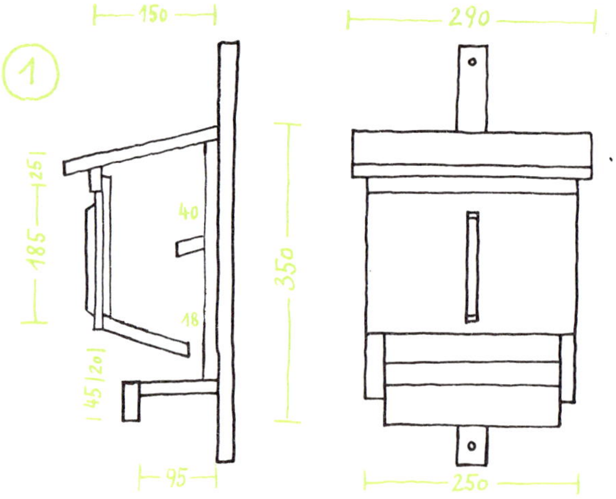

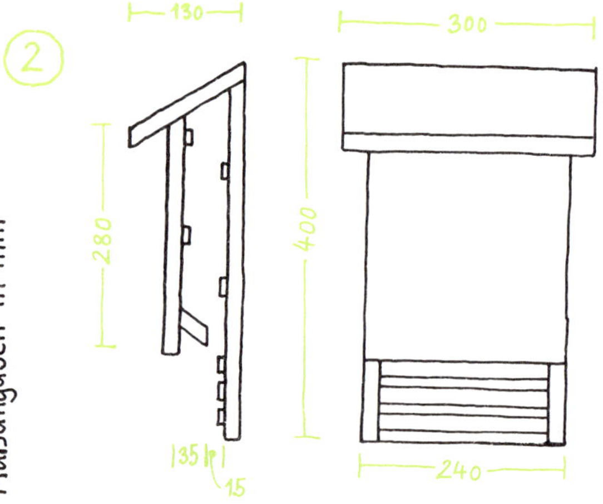

Maßangaben in mm

(1) Bauchiger Fledermauskasten. Die Vorderfront soll abnehmbar sein (mit drehbaren Haken befestigen). Auf dichten, zugfreien Verschluß achten.

(2) Flacher Fledermauskasten. Zum Reinigen schraubt man das Bodenbrett ab.

Fledermäuse sind heute sehr selten geworden. Sie finden kaum mehr Insektennahrung in den artenarmen, ausgeräumten Gärten. In den erntegerechten, niedrigen Obstbäumen, die gar keinen richtigen Stamm mehr ausbilden, gibt es für sie keine Verstecke. Und überall droht der Gifttod durch Insektenvertilgungsmittel und Pflanzen„schutz". Diese Pestizide setzen sich besonders stark im Fettgewebe fest. Doch gerade auf die Fettreserven, die sich die Fledertiere im Herbst angefressen haben, sind sie während des Winterschlafs angewiesen. Dadurch, daß sie dabei an Gewicht verlieren, steigt aber die relative Giftmenge im Körper.
Fehlt es an Fledermäusen und Insekten, von denen sich Waldkauz und Steinkauz ernähren, werden auch diese nächtlichen Jäger bald endgültig aus dem Garten verschwunden sein. Doch nicht nur die Greifvögel, zu denen die Käuze gehören, sondern alle insektenfressenden Vögel sind heute stark bedroht. Nicht nur Gifte im Garten machen ihnen den Garaus, es fehlt auch die passende Unterkunft, weil man die alten Bäume mit den prächtigen Nisthöhlen fast überall umgeschnitten hat. Im Naturgarten kann man versuchen, diese Tiere wieder einzugemeinden. Zum Beispiel mit einem Angebot von Nistkästen.

Steinkauz

Nistkasten für Meisen

Was man braucht:

- 1 Brett (ca. 1,65 cm lang, 15 cm breit, 18 mm stark)
- Holzleim, Schrauben
- Messingscharnier

So wird es gemacht:

Brett nach Maßangaben zuschneiden. Teile zusammenschrauben und verleimen. An der Rückseite Leiste zum Aufhängen befestigen. Deckel mit Scharnier befestigen.

- ★ den Nistkasten an einem Baumstamm so anbringen, daß das Flugloch nach unten weist, damit es nicht hineinregnen kann
- ★ schon im Herbst aufhängen, weil sich die Vögel langsam daran gewöhnen müssen
- ★ nach der Brutzeit gut reinigen, am besten erst im Herbst, da manche Vögel zweimal Junge haben

Zum Überwintern werden in den Nistkasten vielleicht auch andere Gartentiere einziehen, zum Beispiel Schmetterlinge.

Hausrotschwänze, Zaunkönige und Rotkehlchen bevorzugen zum Brüten halboffene Kästen an Mauern, Wänden oder Bäumen. Sie sollten durch eine Kletterpflanze vor schlechtem Wetter geschützt werden und auch vor Katzen sicher sein.

Nistkasten für Halbhöhlenbrüter

Nistplatz für Mehlschwalben

Den Mehlschwalben fehlt es häufig an Baumaterial für ihre Nester, die sie aus feuchtem Lehm zusammenfügen. Denn selbst Feldwege sind heute schon asphaltiert.
Sie nisten an Hauswänden, mindestens drei Meter über dem Boden unter einem schützenden Gesims.

Als Baumaterial eignet sich Papiermaché. Das fertige Nest lackieren und unter dem Dachvorsprung befestigen (mindestens 3 m über dem Boden, die Wand soll frei von Kletterpflanzen sein). Mehrere Nistplätze nebeneinander aufhängen.

Im Winter kann man den Gefiederten, die nicht nach dem Süden abgewandert sind, das Gartenleben schmackhaft machen: mit einem Futterautomaten, bei dem kein Vogelkot in die Nahrung gerät und Seuchen verursacht.

Vogelfutterautomat

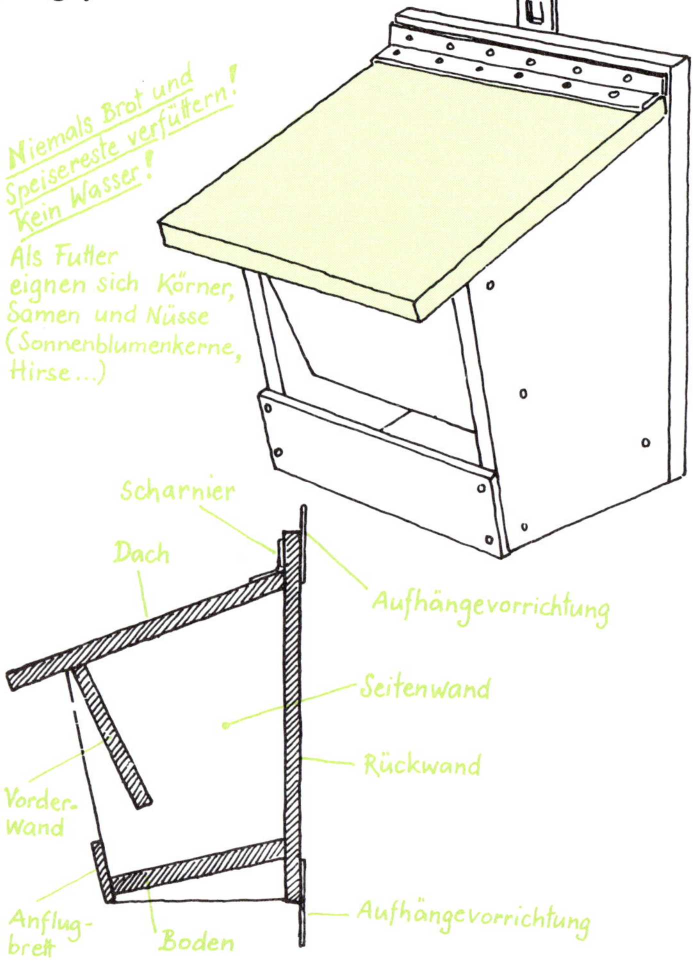

Material:
Holzbrett, 20 mm stark, 120 cm lang, 25 cm breit
Holzfaserplatte, 200 x 55 mm
Aufhängevorrichtung
Bandscharnier, 20 cm lang
Teerpappe für das Dach
Schrauben, Werkzeug

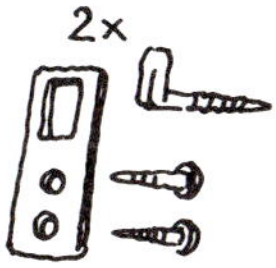

Einzelteile zuschneiden und nach Skizze zusammenfügen. Der Boden soll schräg nach vorne, die Vorderwand schräg nach hinten geneigt sein, damit die Futterkörner nachrutschen können. Das Dachbrett hinten etwas abschrägen und mit Bandscharnier an der Rückwand befestigen.

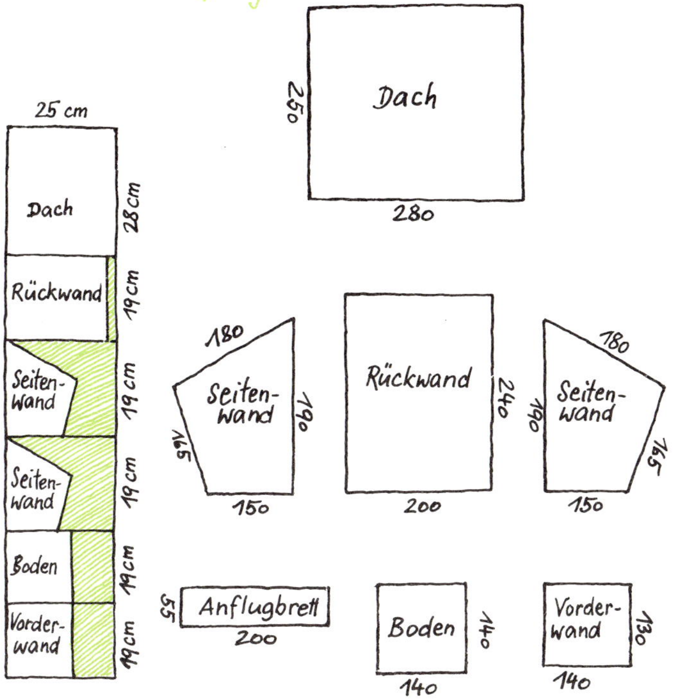

Für Insektenfresser hält man Mehlwürmer aus der Tierhandlung bereit, oder man züchtet sie selbst in einem Tontopf, der mit Mehl, Kleie und altem Brot gefüllt wird. Man kann aber noch eine andere Art von Vogelfutter selbst zubereiten:

Vogelfutter, selbstgemacht

Was man braucht:

- Rindertalg
- Kleie
- Sonnenblumenkerne
- Hirsekörner

So wird es gemacht:

★ den Rindertalg im Kochtopf erhitzen
★ in die zähflüssige Masse die gleiche Menge Kleie einrühren
★ Sonnenblumenkerne und Hirse dazugeben
★ in Blechdosen oder Blumentöpfe gießen
★ das erkaltete Gemisch im Futterhaus aufstellen oder in Bäume und Sträucher hängen

Aus dem Vogelfutter für Körnerfresser, das aus unterschiedlichen Samen besteht, läßt sich ein kleiner Wintergarten ziehen. Er kann dann der Hauskatze, die nicht in den Garten darf, als Grünfutter angeboten werden. Gelegentlich mag sie das, um ihren Magen zu reinigen.

Vogelfuttergarten

Was man braucht:
- alte Bratpfanne, Topf oder Schale
- Gartenerde, Kieselsteine
- gemischtes Vogelfutter aus der Tierhandlung
- kleine Zettel und Zündhölzer

So wird es gemacht:
- ★ Pfanne mit Erde bis 1 Zentimeter unter dem Rand füllen
- ★ aus dem Vogelfutter die einzelnen Samentypen sortieren
- ★ in getrennten Zonen aussäen, gießen, die kleinen Beete mit den Kieselsteinen voneinander trennen
- ★ auf jeden Zettel ein Samenkorn kleben, mit dem Streichholz im jeweiligen Beet feststecken
- ★ den Mini-Garten einige Wochen betreuen und beobachten, was aus den Samen wächst

Winterfütterung und Nisthilfen sorgen für einen lebendigen ersten Stock im Naturgarten. Vögel werden sich ansiedeln, vielleicht sogar Fledermäuse. Doch auch zu ebener Erde kann man sich einiges einfallen lassen. Artenvielfalt stellt sich ein, sobald nicht laufend aufgeräumt wird, wie bei Peinlichs und Saubers. Denn viele Dinge, die der Gärtner leichtfertig wegschafft, sind wichtige Lebensräume für Tiere und Pflanzen.

Totes Holz

Ein alter abgestorbener Baum ist mit seinen Höhlen den Spechten als Nistplatz sehr willkommen. Aus der rissigen Rinde kann der Vogel Larven picken. Totes Holz, zum Beispiel ein Baumstrunk und einige Äste rundherum, wird von Moosen, Flechten und Brennesseln besiedelt. Aber auch von eßbaren Pilzen, zum Beispiel vom Hallimasch.
Viele Tiere finden hier zu jeder Jahreszeit Arbeit und Unterkunft. Schnecken, Käfer, Asseln und Tausendfüßer beginnen mit der Vorbereitung zur Verrottung des morschen Holzes. Sie bohren sich hinein, kauen es an, von allen Seiten. Später wird ihm ein Heer von Kleinstlebewesen den Rest geben. Denn totes Holz endet als Kompost. So ist der abgestorbene Baum in den Kreislauf der Nährstoffe eingebunden.

Der läßt sich am schönsten im Komposthaufen beobachten, der Wiederaufbereitungsanlage des Gartens. Pflanzliche und tierische Abfälle werden hier in Gemeinschaftsarbeit Tausender kleiner bis winziger Tiere zersetzt und von Millionen Bakterien und Pilzen in Nährstoffe für Pflanzen umgewandelt.

Das Lebenswerk der Unterirdischen

Die unterirdischen Arbeiter lassen sich durch ein Experiment, das man auch mit Waldboden erfolgreich durchführen kann, aus ihrem Bergwerk hervorlocken. Manche erkennt man mit freiem Auge, andere erst unter der Lupe. Für Pilze und Bakterien braucht man ein Mikroskop.

Kompost-Tiere beobachten

Was man braucht:
- Pappkarton mit Deckel
- schwarzes Papier, um den Karton innen damit auszukleiden
- engmaschiges Sieb
- Trichter
- weiße Auffangschale
- Lampe

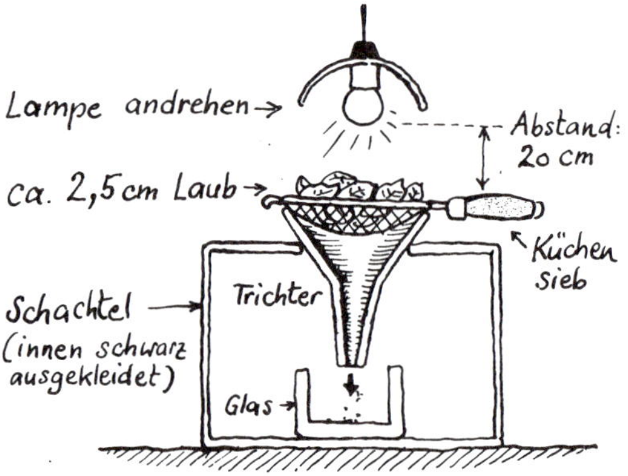

So wird es gemacht:
★ Material vom Komposthaufen holen, am besten in verschiedenen Stadien der Verrottung
★ das Sieb damit füllen
★ Sieb in den Trichter hängen, der in dem Loch steckt, das man in den Pappkartondeckel geschnitten hat (in die Schachtel darf kein Licht eindringen)
★ unter die Lampe stellen

Licht und Wärme treiben die Unterirdischen ins Dunkle: Sie fallen durch das Sieb und durch den Trichter in die Auffangschale im Karton. In der Schale kann man sie beobachten und bestimmen.

Der größte und sichtbar tüchtigste unter den Kompostarbeitern ist der Regenwurm. Bis in zwei Meter Tiefe geht er ans Werk. Die meisten Röhren legt er aber in der Bodenschicht an, in der sich viele Pflanzenwurzeln befinden. Durch diese Gänge, die er ins Erdreich frißt, wird der Boden gut belüftet und das Regenwasser kann leicht abrinnen. Der Verdauungstrakt des Regenwurms ist eine Art Mischmaschine für organische und mineralische Bodenanteile. Was er in kleinen Häufchen wieder abgibt, ist dann Humus pur. Jeder von ihnen erzeugt ein halbes Kilogramm pro Jahr. An die 300 Regenwürmer sind in gutem Boden auf einem einzigen Quadratmeter an der Arbeit. Dabei können ihnen die Umweltspürnasen zuschauen.

Regenwurmkasten

Was man braucht:

- 2 Plexiglasscheiben (Acrylglas), 30 x 40 cm
- 3 Zentimeter starke Holzleisten, die nicht mit chemischen Mitteln behandelt wurden, Schrauben
- unterschiedliche Bodenarten: dunkle und helle Gartenerde
- verrottende Blätter und andere Pflanzenteile
- Regenwürmer, maximal 10

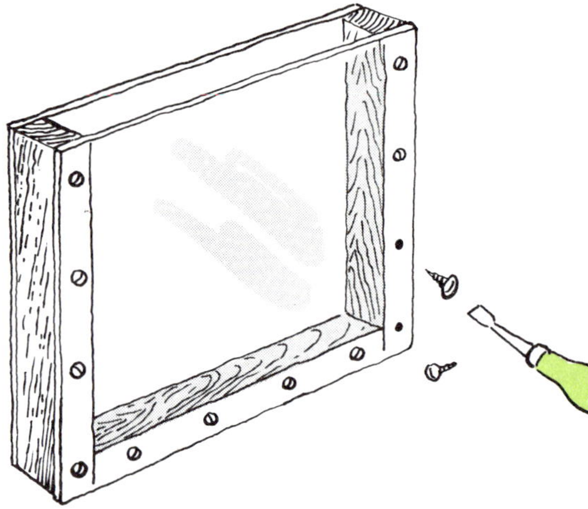

So wird es gemacht:

★ die Plexiglasscheiben mit Holzleisten so verschrauben, daß ein schmaler, oben offener Behälter entsteht
★ schichtweise die Bodenarten einfüllen, jede 3-5 Zentimeter hoch
★ Blätter oben darauflegen
★ gießen, damit die Erde feucht bleibt
★ die Regenwürmer hineinsetzen
★ den Schaukasten mit einem dunklen Tuch abdecken

Regenwürmer vertragen kein Licht und keine Trockenheit. In der Natur kommen sie nur bei Nacht und Tau aus der Erde, um Pflanzenreste in die Gänge zu ziehen oder Algen zu weiden, sich zu vermehren oder, bei starkem Regen, um aus ihren überfluteten unterirdischen Röhren zu flüchten.

Zum Schutz des Regenwurms hält man den Gartenboden immer mit Gras oder Mulch (Pflanzenresten) bedeckt. Man gräbt auch nicht mit einem Spaten um, sondern lockert das Erdreich mit einer Grabgabel.

Der Regenwurm und seine zahllosen Mitarbeiter, von den Springschwänzen bis zu den Bakterien, sind durch Gifte im Garten schwer gefährdet. Pestizide lassen nämlich nicht nur Läuse und Schnecken tot umfallen, sie dringen auch in den Boden ein und wirken dort noch jahrelang weiter. Es ist daher besonders wichtig, daß derartige Stoffe nicht auf unserem Komposthaufen landen.

Aus einigen Pfosten und Holzlatten besteht diese einfache Kompostanlage. Sie wird an einem schattigen Platz errichtet. Boden braucht sie keinen, im Gegenteil: Die Unterirdischen sollen bequem zuwandern können, um ihre Arbeit zu beginnen.
In der ersten Abteilung werden Garten- und Küchenabfälle gesammelt, die pflanzlichen oder tierischen Ursprungs sind. Das können Obstreste, Eierschalen, Kaffeesud, Federn, Laub und zerkleinerte Zweige sein.
Auf Platz zwei wird der Komposthaufen erst richtig „angesetzt“: alle Abfälle zunächst gut vermischen, einige mineralische Substanzen wie Kalk, Steinmehl, Tonerde dazufügen und das Ganze bis zu einen Meter hoch locker aufschichten. In der Mitte des Haufens sollten Zweige dafür sorgen, daß er luftig bleibt, es wird Sauerstoff benötigt, damit die Masse nicht fault. Zuoberst kommt als

Abdeckung eine Erdschicht. Bei ihrer Arbeit entwickeln die Bakterien Temperaturen bis zu 70 Grad Celsius, dadurch werden Keime und viele „Unkraut"-Samen abgetötet, die man vielleicht nicht allzu üppig im Gemüsebeet haben möchte.
Nach zwei bis drei Monaten wird von Platz zwei auf Platz drei umgesetzt. Dabei schaufelt man das Unterste zuoberst. Jetzt sollten schon sehr viele rote Regenwürmer, die Kompostwürmer, tätig sein. Nach einem Jahr, von Beginn weg, ist der Kompost dann fertig.
Er besteht aus dunkelbraunem, weichen Humus: nährstoffreicher Erde für das Gemüsebeet. Salat, Radieschen und Gurken haben dem Boden beim Wachsen Nährstoffe entzogen. In Form von Humus werden sie ihm jetzt wieder zurückgegeben.
Wer Humus hat, braucht selbstverständlich keinen Kunstdünger, weil darin auch alle benötigten Mineralstoffe enthalten sind. Pflanzen, die in gesundem Boden wachsen, sind überdies gegen Krankheiten und Schädlinge widerstandsfähiger als künstlich ernährte.

Daß auch noch Torf in einem glücklichen Garten als Zusatzdünger in die Beete muß, ist ein weitverbreiteter Irrtum. Allein in der ehemaligen BRD wurden jährlich acht Millionen Kubikmeter dieser abgestorbenen Moorpflanzen nutzlos vergraben.
Der dunkelbraune faserige Torf kommt aus einem Lebensraum, der für die Kleinstlebewesen im Boden auf natürliche Weise zu sauer ist. Es kann daher in Mooren gar keine Humusbildung stattfinden. Abgestorbene Pflanzen, wie zum Beispiel Torfmoos, bleiben nahezu unverrottet liegen. Auf dieser wassergetränkten, luftabgeschlossenen Unterlage gedeiht eine neue Schicht von Torfmoos. So wächst die Torfschicht (jährlich allerdings nur um einen einzigen Millimeter) und wird beim sogenannten Torfstechen in Ziegeln abgebaut.

Birkhuhnpaar

Torf ist viel zu schade, in Säcke verpackt verschickt und im Garten eingebuddelt zu werden. Denn Moore sind heute kostbar gewordene Rückzugsgebiete für vom Austerben bedrohte Tierarten, wie zum Beispiel für Birkhuhn und Auerhahn. Auch für seltene fleischfressende Pflanzen wie den Sonnentau. Wer immer wieder einmal einen Blick auf eine kleine Moorlandschaft werfen oder gar seinen Sonnentau mit Käse füttern möchte (als Fleischersatz), kann sich ein kleines Moor zu Hause anlegen.

Sonnentau füttern

Mini-Moor

Was man braucht:

- Eimer oder Betonwanne mit einem Durchmesser von höchstens 1 Meter
- Kies
- Torf
- Moorpflanzen
  Man kauft sie in Spezialgärtnereien, denn sie sind geschützt und dürfen daher nicht einfach ausgegraben werden.